그릇, 음식 그리고 술에 담긴 우리 문화

최준식 교수의 우리 문화 세계화의 고수를 찾아서

국립중앙도서관 출판시도서목록(CIP)

그릇, 음식 그리고 술에 담긴 우리 문화 / 최준식 지음. --
파주 : 한울, 2006
p. ;   cm

판권기부서명: 최준식 교수의 우리 문화 세계화의
고수를 찾아서

ISBN 89-460-3483-1 03380

330.4-KDC4
300.2-DDC21   CIP2005002867

그릇, 음식 그리고 술에 담긴 우리 문화

최준식 교수의 우리 문화 세계화의 고수를 찾아서

최준식 지음

한울

일러두기 이 책은 대담 내용을 토대로 엮은 것이고 문단별로 대화가 구분되어 있습니다.
　　　　첫 어절이 크게 표시되어 있는 문단은 조태권 회장(또는 문세희 전무)의 말입니다.

서 문

　처음부터 이 시리즈를 기획했던 것은 아니지만 이 책의 주인공인 광주요(廣州窯)의 조태권 회장을 만나고 그의 식견과 활력에 감명을 받아 이 책을 쓰면서 시리즈로 써야겠다는 욕심이 들었다. 이 책을 쓰게 된 의도야 본문에 자세히 나와 있지만, 간단히 말해서 한국 문화를 어떻게 하면 좋은 문화로 키울 수 있는가에 대한 것이었다. 이 주제에 대한 논의는 우리 사회의 여러 분야에서 적지 않게 있었지만 영양가 있는 것은 잘 보지 못하던 터였다. 그러다 조 회장을 만났고 그에게 흠뻑 매료되어 늘 하던 버릇대로 겁 없이 글을 마구 써내려갔다.

　한국 문화를 경쟁력 있게 키우는 것은 학계나 기업계가 서로 분리되어서는 성사되지 않는다. 반드시 이 두 방면이 만나 한쪽에서는 이론을, 다른 한쪽에서는 실제를 제시하고 같이 머리를 맞대어가며 궁구(窮究)해야 하기 때문이다. 그런데 학계의 교수들은 실제의 세계가 어찌 돌아가는지 잘 모르고 산업계에서는 이른바 콘텐츠를 잘 모르고 있어 효율적인 기획이 나오지 않았다. 그러던 차에 수차에 걸쳐 조 회장과 대화를 나누게 되었고, 우리 둘의 묘합 정도라면 한국 문화의 현재와 미래에 대해 깊이 있는 논의가 가능하겠구나 하는 생각이 들었다.

　그러면서 내용을 전개하는 형식은 어떻게 하면 좋을까 하는 생각이 들었는데 대뜸 떠오른 것이 무협지였다. 한국 남자들은 대부분 무협지에 대한 야릇한 동경을 갖고 있는데 나도 한때 무예의 고단자가 되겠다는 생각을 갖고 있었기 때문에 무협지의 것을 빌려 오면 되겠다는 생각이 든 것이다. 실제의 세계에서는 내가 무예의 고수가 되는 일이 영 글러먹었지만, 책이라는 상상의 세계에서는 내가 얼마든지 고수로 자처해도 될 것 같았다. 그래서 이 책의 형식을 한국 문화를 어느 정도 연마한 젊은(?) 고수가 강호(江湖)에 나가 더 고수인 사람을 찾아 가르침을 받고 자신의 무공을 몇 갑자(甲子) 증진시키는 것으로 잡았다. 이렇게 해서 내가 강호에서 첫 번째 만난 고수가 광주요의 조태권 회장이다. 우리는 많은 대화를 통해 무림(武林)의 앞날을 걱정했고 한국이라는 강호를 문화적으로 강고하게 할 수 있는 여러 방책들에 대해 논했다. 그 과정을 통해 나는 조태권이라는 대단한 고수로부터 적잖은 무공을 건네받아 내 무공도 증진시킬 수가 있었다.

　이제 또 나는 내 무공을 늘리기 위해 다른 고수를 찾아 강호를 뒤져야 한다. 그런데 아직 내 눈에 확실하게 들어오는 고수가 보이지 않는다. 내가 과문한 탓도 있겠지

만 그만큼 한국 문화를 진정으로 생각하고 그 앞날에 대해 걱정하는 사람이 많지 않다는 이야기도 성립할 수 있겠다. 그러나 이 책이 출판되면 혹 강호에 아직 잘 알려지지 않은 은자가 호응할 수도 있지 않을까 하는 작은 바람을 가져본다. 이 책을 읽는 독자들도 그런 고수가 주위에서 있으면 추천해주시면 더할 나위 없이 감사하겠다.

이 책을 내면서 감사해야 분들이 있다. 물론 무엇보다도 자신의 너른 식견을 사심 없이 펼쳐주고 나에게 무공을 전하기 위해 노고를 아끼지 않은 조태권 회장께 감사드려야 한다. 그 다음 감사할 대상은 말할 것도 없이 도서출판 한울의 김종수 사장이다. 이 책은 한국 독자들이 꺼리는 대화체로 되어 있어 출판을 선뜻 나서는 회사가 없었는데 김 사장은 흔쾌히 허락해주었다. 김 사장에 대한 감사는 이 책을 잘 읽을 수 있게 만들어준 한울의 직원들에게도 해당된다. 마지막으로 조 회장과의 대화를 녹취해준 숙명여대의 김미랑 양에게도 감사를 드린다.

단기 4338(2005)년 겨울 한 가운데에서

저자 삼가 씀

차례 contents

한국 문화 세계화의 고수를 찾아서   10

조태권 회장은 왜 전통문화 사업에 뛰어들게 되었을까?   26

도자기를 통해 전통문화의 세계화에 눈을 뜨다   46

새로운 그릇 문화를 선보이며   51

왜 한국 문화를 세계화해야 할까   59

본받아야 할 일본 음식의 세계화 과정   65

우리 문화의 세계화는 고급화부터   81

문화는 문화 교육부터 – 프랑스의 경우   91

어떻게 하면 우리나라의 전통문화를 끌어올릴 수 있을까? – 그 획기적인 방책에 대해   96

도자기 이야기를 마무리하며   101

'가온', 한국의 음식문화를 세계화하기 위한 첫걸음   108

가온 식당을 돌아보며   110

한식(韓食), 한국 문화 국제화의 첨병   116

새로운 개념의 한식을 만들다   121

좋은 음식은 그만한 대우를 받아아   126

한국 음식의 정체성과 세계화   134

약과 음식은 그 뿌리가 같다   137

스타 음식 열전 1 – 내열자기 불고기   147

스타 음식 열전 2 – 홍계탕   161

그 외의 음식 – 떡을 중심으로   172

세계화를 위한 도약 – 가온 중국 지점   179

대화를 정리하며   185

새로운 술을 만들다   192

한국 술의 역사   199

새로 탄생한 한국의 소주, 화요(火堯)   207

새로운 술이 만들어지는 과정   216

대화를 총정리하며   228

마치며   239

제일 중요한 것은 우리 문화 가운데 국제적으로 경쟁력이 있음직한 것을 고르는 일이다. 우리가 제일 잘 알고 있고,

우리가 세상에서 제일 잘할 수 있는 일, 그것은 과연 무엇일까? 두말할 나위 없이 우리의 전통문화이다. 이제 우리의

전통문화를 새로운 시각에서 바라보고 접근해야 한다. 우리 문화의 세계화에 대한 통찰력과 열정을 가지고 그 무한한

가능성을 하나씩 발현시켜 나가는 첫 번째 고수를 찾아나선다.

한국 문화
세계화의
고수를
찾아서

한국 문화 세계화의 고수를 찾아서

한국 문화 세계화의 고수를 찾아서

필자가 경제를 잘 아는 것은 결코 아니지만 우리나라의 경제를 들여다보면 이해하기가 혼란스럽다. 한국은 앞으로 5~7년 뒤가 되면 제조업은 중국이나 베트남에 다 뺏기고 10년 정도 뒤에는 고부가가치 산업 쪽에만 전념하게 될 것이라는 말을 들은 게 벌써 5년은 족히 된 것 같다. 그리고 최근의 소식(≪연합뉴스≫, 2005.2.21.)들을 접해 보아도 여전히 비슷한 예측을 하고 있는 것을 알 수 있다. 2005년 초를 기준으로 우리나라와 중국의 기술 격차는 디지털 가전 1~2년, 철강 1~4년, 금형 3~5년, 건설·기계 5년, 자동차 부품 2~3년, 남성 의류 3~4년에 불과하다고 한다. 그리고 대부분의 업종에서 가격 경쟁력은 이미 중국이 한국을 앞서고 있다는 조사 결과가 나왔다.

그런데 이런 상황임에도 불구하고 우리나라 전자업체들은 어찌된 영문인지 고공 행진을 거듭하고 있다. 한 20년 전만 하더라도 한국의 가전 제품들은 세계 시장에서 싸구려로 통하지 않았는가. 그런데 지금은 느닷없이 세계 최일류가 되었으니 어안이 벙벙해질 수밖에 없는 것이다. 예를 들어 2005년 초에 나온 일본의 경제주간지 ≪동양경제≫에서는 "한류 경영의 충격"이라는 제목으로 무려 18쪽에 걸쳐서 우리나라에서 제일 잘나가는 회사들에 대해 다루었다고 한다(≪중앙일보≫, 2005.2.25.). 이 잡지는 한류 경영을 선도하는 기업으로 삼성전자, LG전자, SK텔레콤, 현대자동차를 들어 경영기법과 최근 동향을 자세하게 싣고 있다.

필자의 관심사는 한류 경영 자체가 아니라 우리나라 기업들의 이루어 놓은 업적이다. 예를 들어 삼성전자가 이룩한 2004년 경영 실적(매출 57 조 6,324억 원, 순이익 10조 7,867억 원)은 일본의 모든 전자업체들의 매 출액을 다 합한 것보다 많다. 현대자동차의 경우, 총판매량이 일본 국내 3위인 혼다를 추월했고 2위인 닛산에 바짝 육박해 있다고 한다(최근 신 문 보도에 의하면 현대자동차는 중국에서 2005년도 일사분기 동안 일본 이나 독일 자동차 회사를 다 제치고 최고의 판매량을 올렸다고 한다). 이게 도대체 어떻게 된 일일까? 일본이 어떤 나라인가? 지금까지 우리 는 영원히 일본을 따라갈 수 없는 것처럼 말하지 않았던가? 우리가 언제 소니 같은 전자 회사를 만들거나 혼다 같은 자동차 회사를 가질 수 있다 고 생각했던가? 그런데 이렇게 조금도 기대하지 못했던 일이 갑자기 우 리 눈앞에서 실현되었으니 정신을 차릴 수가 없다는 것이다.

도대체 어떤 것이 우리 경제의 참모습일까? 사실 이런 정황은 이미 몇 년 전부터 해외 저명학자들에 의해 예측된 적이 있었다. 미국 텍사스 대 학의 저명한 경영학 전공 교수인 존 도겟(John Doggett)은 이미 위와 같은 예단을 했을 뿐만 아니라 2002년을 기점으로 할 때 한국은 향후 3~7년 간 경제력을 극대화할 수 있는 기회를 갖게 될 것이라고 주장했다(≪동아일보≫, 2002.7.4.). 그의 말대로 따르더라도 이제부터 극대화해야 하는 시점에 들어간 것인데 우리 기업들이 이미 이런 놀라운 성과를 내고 있는 것이다.

이어서 도겟 교수는 한국의 산업이 살아남기 위해서는 세계적으로 급성장하는 전문가 계층을 겨냥한 제품과 서비스를 개발해야 한다고 주장했다. 다시 말해 하이 테크닉을 필요로 하는 제품이나 문화에 기반을 둔 상품 개발에 주력해야 한다는 것이다. 하이 테크닉 상품은 도요타의 렉서스 같은 고급 승용차나 비디오 게임을 말한다고 볼 수 있는 반면, 문화상품은 종류가 너무 다양해서 어느 하나만을 가지고 이것이다라고 할 수는 없을 것이다. 이런 관점에서 보면 하이 테크닉을 필요로 하는 상품 쪽은 문제가 없는 것처럼 보인다. 앞서 본 것처럼 아직까지는 우리 기업들이 잘하고 있는 것처럼 보이기 때문이다. 그런데 문제는 문화 쪽이다 [『대한민국을 팔아라』(2002: 20쪽)]. 이 분야에는 아직도 괄목할 만한 성과가 나오지 않고 있기 때문이다. 필자는 아직도 우리나라 사람이 우리 문화를 가지고 전 세계로 뻗어나갔다는 소리는 거의 들어 보지 못했다.

한국은 연극도 하지 않는 나라?

이것과 관련해서 최근 들은 아주 충격적인 이야기를 소개해 보겠다. 어떤 심포지엄장에서 난타라는 독특한 장르의 공연예술을 개발해 세계에 선보이고 있는 송승환 씨로부터 들었던 이야기이다. 현재 난타는 한국이 만들어낸 문화상품 가운데 몇 안 되는 상품(上品) 아닌가. 그래서 송승환 씨는 난타를 영국에 진출시켰으면 하고 바랐던 모양이다. 이 문제로 그가 영국에 갔을 때의 이야기이다. 그가 영국 관계자를 만나 난타에 대해 이야기하자 그 영국인의 반응이 정말로 '골 때리는' 것이었다. 대뜸 '한국에서도 연극을 하는가' 라고 물었다는 것이다. 만일 이 이야기가 사실이라면—사실이라고 인정하기는 싫지만—정말로 어이가 없어서 졸도할 판이다. 아니 한국인을 도대체 어떻게 봤길래 연극도 안 하는 '야만인' 이라고 생각했던 것일까(물론 연극을 한다고 반드시 문명인이 되는 것은 아니다)? 지금 서울은 전 세계에서 뉴욕 다음으로 예술 공연이 많은 도시라고 하는데 그런 나라에서 온 사람 보고 그 나라에서도 연극을 하느냐고 물어 보았으니 도대체 어떻게 된 일일까? 우리를 무엇으로 보는 것인지 아무리 생각해 봐도 잘 알 수가 없다.

그의 이야기는 계속되었다. 영국의 최고 백화점에 우리나라 기업이 만든 냉장고를 납품할 때의 일이었다고 한다. 우리나라 기업의 가전제품은 앞에서 본 것처럼 세계 최고라 제품 심사 면에서는 별 문제가 없었을 게다. 제품 심사에서 다 합격되자 납품을 허락하였는데 백화점 측에서 한 가지 조건을 내걸었다고 한다. 그것이 우리의 '꼭지를 돌게 만드는' 것이었다. 즉, 냉장고 뒤에 있는 소개 문안에서 Made in Korea라는 라벨을 빼달라는 것이었다. 한국 제품이라고 하면 싸구려라는 인상이 있기 때문에 그렇다는 것이다. 이 일이 사실이라면 이것도 참으로 어이가 없는 일이다. 그런데 문제는 왜 이렇게 가당치도 않은 일이 일어났느냐는 것이다. 당시 심포지엄의 주제는 한국 이미지 구축에 관한 것이었는데, 참석자들 모두가 한국의 이미지를 외국에 제대로 심지 못해서 이런 참담한 일이 일어났다는 데에 의견의 일치를 보았다.

그러면 그 이미지라는 것은 어떻게 심어줄 수 있을까? 물론 가장 긴급한 일은 국가가 국가 이미지를 만들어 외국에 적극적으로 알리는 일이다. 초대 주한 미국상공회의소 회장을 지냈던 제프리 존스는 한국 정부에 이미지청을 만들라는 요청까지 하면서 한국의 이미지 구축에 관심을 보였다. 이런 일 외에 우리가 할 수 있는 일은 무엇일까? 사실 한국을 알리는 작업은 국가 이미지를 인위적으로 만들어 정부 차원에서 알리는 것보다는 높은 수준의 우리 문화를 외국에 수출하면 자연스럽게 이루어질 수 있다. 그 대표적인 게 한류라 하겠다. 한류에 대한 이야기는 질리

한국을 해외로 알리는 대표적인 이미지들과 국가 홍보 로고 'Dynamic KOREA'

도록 들었을 터이니 여기서는 생략한다. 다만 여기서 언급하고 싶은 것은 아무리 거액을 들여서 국가 이미지를 만들고 또 많은 돈을 들여 그것을 전 세계에 홍보하더라도 <겨울연가> 같은 드라마 한 편이 갖는 영향력은 죽었다 깨어나도 가질 수 없다는 사실이다. 그만큼 문화를 수출하는 게 파급력이 강하다는 것이다.

전통을 제대로 알자

그런데 문화에도 너무나 다양한 분야가 있는지라 우리는 여기서 취사선택을 해야 한다. 이때 제일 중요한 것은 우리 문화 가운데 국제적으로 경쟁력이 있음직한 것을 고르는 일일 것이다. 경쟁력 있는 품목이란 우리가 제일 잘 알고 있어 그 자연스러운 결과로 다른 나라 사람들은 잘할 수 없고 우리가 세상에서 제일 잘할 수 있는 것이어야 한다. 그것은 과연 무엇일까? 두말할 나위도 없이 우리의 전통문화이다. 아무리 외국인들이 우리 전통을 잘 안다고 해도 전통을 다 알 수는 없는 노릇이다. 세상에서 한국의 전통을 한국인만큼 알 수 있는 사람은 한국인 외엔 더 없을 것이다. 그런데 이것은 가능성뿐이지 실제로 그렇다는 것은 아니다. 누구보다도 한국 전통을 잘 알 수 있는 사람이 한국인들이겠지만 한국인만큼 자신들의 전통에 대해 관심이 없거나 무지한 사람도 흔치 않을 것이다. 이제 우리의 전통문화를 새로운 시각에서 바라보고 접근해야 한다. 그리고 무한한 가능성을 발현시켜주어야 한다. 인도네시아나 말레이시아 같은 동남아시아 국가에서 모시를 가지고 그쪽 상류 계층 사람들의 파티복을 만들어 크게 성공한 어떤 한국인도 비슷한 말을 했다. 우리나라의 과거 전통에는 모시 말고도 야한 말로 '팔아먹을'게 부지기수로 있다는 것을 확실하게 믿는다고 말이다.

필자도 일찍이 이런 생각에 동조하여 나름대로 우리 전통문화 가운데 무엇을 팔아먹을 수 있을까 하면서 고민을 거듭해 보았다. 그런데 기껏 생각해 봐야 인문학적인 내용이 들어가는 관광 정도였다. 지금 우리나라 관광은 답보 상태를 면하지 못하고 있는데, 이렇게 된 이유는 우리나라 관광이 문화적인 내용은 거의 없이 '보고 먹고 자는' 일차적인 데에만 치중하기 때문인 것 같다.

예를 들어 부여는 일본인 관광객들이 꽤 많이 오는 지역이라고 들었는데 그것은 백제가 일본과 뗄래야 뗄 수 없는 관계에 있었기 때문인 것이다. 663년에 일본에서 건너온 400여 척의 일본 군대와 백제 부흥군이 뭉쳐서 신라·당나라 연합군과 싸웠다는 사실은 백제와 일본이 그만큼 가까웠다는 것을 말해준다. 이때 백제·일본 연합군은 백강(白江: 이곳의 현재 위치는 확실하지 않지만 대체로 금강 어귀로 추정하고 있다)이라는 곳에서 나당 연합군에 의해 궤멸되는데, 역사적 사실이 어떻든 이 사실은 일본인들에게는 대단히 중요한 사건이다. 왜냐하면 일본이라는 나라는 이 전투에서 지면서 시작된 것이기 때문이다. 이 전투에서 진 백제 연합군 가운데 살아남은 귀족들이 일본으로 돌아가 일본을 세우게 된다. 그러니까 일본이라는 이름이 역사에 처음 나오는 때가 바로 이 사건 직후가 된다. 이런 여러 사건들이 얽혀 있기 때문에 일본인들은 아직도 부여를 그렇게 많이 찾아오고 있는 것이다. 그런데 과연 그 지역 사람들은 일본 관광객들을 위해 무엇을 얼마나 했는지 잘 알 수가 없다. 세계 경제 대국 제2위인 일본을 옆에 두고 또 그들이 알아서 찾아오는데 우리는 아무것도 하지 않고 있는 것이다. 일본과 관련된 지역을 찾아내 수많은 이야기를 만들어내고 정보관도 만들고 기념품도 만들어 팔면 될 것 같은데 당최 충남 지역의 관광 현실이 변했다는 이야기를 들어 보지 못했다.

우리 문화의 세계화를 위한 첫걸음을 어떻게?

필자가 할 수 있는 것은 이 정도에 불과해서 사회에 미치는 영향이 미약하기 짝이 없었다. 그래서 필자가 직접 이런 일에 뛰어드는 것보다 실제로 우리 문화를 알리고 있고, 특히 우리의 고급문화를 파는 최전선에 있는 분들을 찾아 한 수 배우는 게 좋겠다는 생각이 들었다. 그런 분들의 철학이나 고군분투하는 모습을 제대로 알려 우리 문화를 수출하는 데에 보탬이 되면 좋겠다는 생각을 한 것이다. 이렇게 실전에 있는 분들은 그 일에 바빠서 책을 쓰고 자신의 일을 알릴 시간이 없다. 필자는 한국 문화계에서 우리 문화 수출에 진력하고 있는 강호의 고수를 찾아보았다. 그런데 의외로 우리 문화를 적극적으로 알리고 팔고 하는 사람들이 적었다. 아니 필자의 레이더망에 들어오지 않았다는 것이 더 적절한 표현인지 모르겠다. 그러던 차에 평소에 잘 알고 있었던 광주요(廣州窯)라는 도자기 회사의 조태권 회장을 비롯해 푸른별 영상의 윤동혁 대표 같은 분들이 내 레이더에 포착되었다. 이제 그분들을 찾아 떠나보려 한다. 굳이 말해서 필자가 학계에 있다면 그분들은 산업계에 있는 것이 되니 이론계와 실제계, 학계와 재계의 만남이라고나 할까? 앞으로 어떤 만남이 어떻게 진행될지 필자도 자세히 모르겠다. 원래 이렇게 별 기대 없이 떠나는 여행이 재미있는 법이다.

조태권 회장을 만나서

조 회장은 지난 몇 년간 알고 지내면서 여러 생각을 나누었지만 그와 나눈 대화를 책으로 엮을 생각은 전혀 하지 않고 있었다. 나는 그가 한국의 전통문화와는 전혀 관계 없는 사업을 하다가 부친의 타계 후 부친이 하던 도자기 요(窯)를 물려받아 처음으로 이 판에 뛰어든 것 정도만 알고 있었다. 그러다 아주 새로운 개념의 한정식집을 냈고 그 뒤 그야말로 우리 문화의 세계화를 위해 고군분투하고 있다는 소식까지 알고 있었다. 그러던 차에 그가 운영하는 식당에 초대되어 같이 식사를 하게 되었다. 자신이 개발한 음식들이 나올 때마다 자세한 소개를 해주었는데 그 설명 자체만으로도 충분히 재미있고 유익했다. 이 내용에 대해서는 본론에서 다루게 되니 그때 자세하게 보기로 하자.

이야기가 진행되다 갑자기 조 회장이 술 공장을 세우고 있다는 말을 했다. "엉? 웬 술 공장?" 나는 어안이 벙벙해졌다. 음식까지는 이해가 되었지만 느닷없이 웬 술 공장이냐는 것이다. 술 시장은 워낙 기존의 시장이 확고하기 때문에 그것을 뚫고 들어가기가 여간 힘든 게 아니다. 사람들의 입맛은 보수적이라 한 번 길들여지면 그것을 바꾸기가 쉽지 않다는 것은 누구나 잘 안다. 술 시장도 예외가 아니라 맥주 시장에서 OB의 만년 아성을 무너뜨리고 하이트가 돌풍을 일으킨 것은 이변 중의 이변에 속하는 일이다. 전통주 시장에서도 국순당의 백세주가 돌풍을 일으킨 것은 워낙 백세주를 만든 분이 여러 면에서 노련했기 때문에—가령 이 술에만 쓰는 아주 품질 좋은 미생물들을 확보하는 일 등—가능했던 것이다. 그 외의 수많은 전통주 가운데 백세주처럼 상시 음용되는 술은 거의

필자와 대담하고 있는 조태권 회장

없다. 다른 술들은 그저 '고만고만' 하게만 팔리고 있는 실정인 것이다.

조 회장은 바로 이런 술 시장에 승부수를 던진 것이다. 그의 지론은 너무도 명쾌했다. 세계의 술시장을 석권하고 있는 술은 대부분 알코올 도수가 40도이다. 대표적으로 위스키가 그렇고 코냑이나 보드카가 그렇다. 또 대부분의 중국 술도 40도이지 않은가. 그런 상황에서 우리 현실을 보면 한식과 같이 먹을 만한 술이 없다는 것을 알 수 있다. 원래 우리도 40도짜리 술을 많이 마셨다. 대표적인 게 안동 소주와 같은 소주로, 소주는 고려 말에 몽골을 통해 들어와서 정착이 되었지만 안타깝게도 일제를 거치면서 그 맥이 거의 끊어졌다. 지금 우리가 먹는 '참이슬' 이니 '산' 이니 하는 소주는 증류를 하지 않았기 때문에 이전의 소주와는 다르다. 조 회장은 바로 이 옛 소주를 복원하겠다는 것이었다. 나는 그 말을 듣고 두 손 두 발을 다 들었다. 그 무모할 정도의 뚝심과 추진력에 탄복했기 때문이다. 조 회장이 도자기 사업을 뜻하지 않게 이어받은 것은 효도의 차원으로 이해할 수 있지만 한정식집을 만들고 급기야는 전통 술 공장까지 세우는 일은 정말로 쉽지 않은 일이고 지금까지 아무도 하지 않은 일인 것이다. 그때 나는 작은 결심을 했다. 이런 문화계의 고수는 필자가 어떻게 해서든 세상에 더 알려야 하겠다고 말이다. 그래야 다른 사람들이 자극을 받고 우리 문화를 수출하는 데에 조금이라도 더 많은 신경을 쓸 것이라는 생각이 들었기 때문이다.

그와 대화를 할 때마다 느끼는 것이지만 그가 도자기나 음식에 대해 갖고 있는 식견은 어떤 부문에서는 그 분야를 전공한 교수들보다 훨씬 낫다. 그럴 수밖에 없는 것이 그의 표현을 빌면, 자신은 무역을 하면서 전 세계에 다녀보지 않은 곳이 없고 그곳에서 자의든 타의든 좋은 것이란 좋은 것은 다 경험해봤기 때문이라는 것이다. 내가 일일이 그를 따라 다녀보지 않았으니 그 말이 진실인지 아닌지는 알 수 없지만, 한반도 안에만 갇혀 산 사람들보다는 경험이 풍부하리라는 것은 확실하지 않겠는가. 그리고 그런 사정들을 그와의 대화 속에서 많이 느낄 수 있었다. 나도 성격이 그리 호락호락한 편은 아니라 남 칭찬하는 데에 공연히 인색한데, 조 회장이 갖고 있는 통찰력과 열정은 인정하지 않고는 배길 수가 없었다.

지금부터 펼쳐지는 내용은 결코 어느 한 사람에 대한 개인적인 이야기가 아니다. 그보다는 조태권 회장이라는 개인과의 대화를 통해 우리나라의 도자기 문화나 음식, 더 나아가서 우리 문화의 미래에 대한 이야기를 전반적으로 펼쳐보려고 한다. 그래서 이 책을 다 읽게 되면 우리 문화의 세계화에 대한 전체적인 조망이 생길 수 있게 이야기를 꾸려보려고 한다. 부디 좋은 결실이 있었으면 하는 바람을 가지면서 이제 대화를 시작해 보자.

'아버지가 평생을 바친 회사를 닫을 수 없다'는 어머니의 간곡한 부탁으로 선천의 도자기 회사를 맡은 다음 제 생각이 너

무나 순진했다는 것을 곧 깨닫게 되었습니다. 우리 문화에 대한 이해와 연구 없이는 도자기 파는 것 자체가 불가능하다는

생각을 하게 된 것입니다. 도자기야말로 문화적인 물품이 아닙니까? 그때부터 저는 도자기 공부를 시작했습니다.

조태권 회장은 왜 전통문화 사업에 뛰어들게 되었을까?

조태권 회장은 왜 전통문화 사업에 뛰어들게 되었을까?

조 회장과 약속한 날 나는 그의 사무실이 있는 청담동으로 향했다. 그의 방으로 들어서자마자 아주 낯익은 그림 병풍이 눈에 들어왔다. 화성능행도(華城陵行圖)였다. 알려져 있다시피 화성능행도는 정조가 수원에 아버지 제사를 드리러 가는 장대한 행렬을 그린 그림이다. 나는 이전에 박물관에서 원본을 본 적이 있는데 그것과 크기가 같았을 뿐만 아니라 색감도 비슷했다. 자리에 앉으면서 가볍게 물었다.

회장님, 이 그림이 진본은 아닐 텐데 원본을 방불하네요. 그저 장식용으로 갖다 놓으신 겁니까 아니면 다른 용도가 있는 건가요?

나는 처음에는 조 회장이 그저 사무실을 꾸미려고 이 병풍 그림을 갖다 놓은 줄 알았다. 그래 별 생각 없이 물은 것이다.

이 그림요? 이 그림은 물론 내 사무실을 장식하려고 갖다 놓은 면도 있지만 그보다 앞으로 이런 좋은 그림들을 우리 일상생활 속으로 가져와 보려고 제가 한번 만들어 본 겁니다. 최 교수님, 이 그림은 원본을 영인(影印)한 게 아니라 화가가 꼼꼼하게 손수 손으로 그린 겁니다. 모사(模寫)한 것이지요. 그래서 비용도 많이 들었습니다. 저는 앞으로 이런

화성능행도 앞에서 설명하는 조태권 회장

과거의 좋은 그림들을 가지고 우리의 방 내부를 장식하려 합니다. 이런 그림으로 방을 장식하겠다는 이유는 이런 겁니다.

우리는 음식을 먹을 때 아무 데서나 먹지 않습니다. 그 음식과 어울리는 장식이 있는 실내에서 먹어야 하기 때문입니다. 아주 서양식으로 세련되게 만든 호텔에서 막걸리를 마시지 않는 것처럼 맥주를 사기 밥그릇에다 담아서 마시지 않습니다. 음식은 이렇게 문화와 직결되어 있습니다. 따라서 우리 음식을 먹으려면 우리 음식에 맞는 분위기에서 먹어야 합니다. 우리 음식을 먹는 장소로는 일단 우리 그림이 걸려 있는 방이 좋습니다. 그래서 저는 지금 전통 그림에서 많은 소재를 따와 벽지로 응용해서 만들려고 합니다. 꽃과 새를 그린 화조도나 호랑이가 나오는 민화는 좋은 소재가 될 수 있습니다.

회장님, 실내를 꾸미는 이야기는 아직 나올 때가 아닌 것 같습니다. 너무 이른 이야기라 순서를 밟아서 갔으면 좋겠어요. 저는 원래 전통문화와 전혀 관계가 없었던 회장님이 어쩌다 도자기를 거쳐 한국 음식점, 그러다 급기야는 전통 술 제조까지 뛰어드셨는지 그 긴 과정이 참으로 궁금하기 짝이 없습니다. 제가 과문한 탓인지 모르겠습니다마는 제 주위에는 회장님 같은 분을 찾을 수가 없습니다. 우선 회장님은 광주요라는 도자기 회사부터 시작하셨는데 그 속사정부터 들어볼까요?

국제무역가에서 도자기 사업가로

나도 내가 이런 전통문화와 관련된 사업을 하리라고는 꿈에도 생각하지 못했습니다. 광주요 회사는 원래 저의 선친이 하시던 회사였습니다. 저는 6남매 가운데 막내였기 때문에 아버지 사업과 제가 연관이 되리라고는 한 번도 생각한 적이 없었습니다. 그랬기 때문에 나는 내 나름대로 종합상사 근무를 거쳐 스스로 무역회사를 차려 중동과 구미 지역을 좁다는 듯이 뛰어다니면서 무역업을 했습니다. 회사도 잘 되고 있었고 나이 면이나 성격 면에서 볼 때 국제무역은 하늘이 저에게 내리신 소명인 줄 알았습니다. 그러니까 한마디로 나는 문화와는 관계없는 장사꾼이라고 생각하고 있었던 겁니다.

그러다 1988년 초에 광주요를 운영하시던 부친-광호(廣湖) 조소수(趙小守) 선생-이 돌아가셨습니다. 당연히 후계 문제가 생겼지요. 어머니는 자식이 여섯이나 있는데 아버지 사업을 잇는 자식이 하나도 없으면 어쩌나 하고 골똘하게 생각하신 나머지 제게 선친의 일을 맡아달라고 부탁하셨습니다. 어머니는 '아버지가 평생을 바친 회사를 닫을 수는 없다'는 생각이 강하게 드셨던 거지요. 또 당장 돈이 되지도 않는 전통도자기 사업을 자식이 아니면 누가 맡겠느냐, 아버지가 어렵사리 이어놓은 전통 도자기 제작 기법이 영영 없어질 수도 있다면서 저에게 아주 간곡히 부탁하셨던 거죠.

제 생각에 모친은 제가 그동안 사업을 해왔기 때문에 재원 조달이나 경영 쪽은 잘할 수 있을 거라고 생각하신 듯합니다. 모친 말씀도 일리는 있었어요. 도자기 제작은 당신이 할테니 너는 갖다가 팔기만 해라 그런 거였죠. 그래 처음에는 그저 공장 짓고 그 공장에서 도자기를 만들어 가져다 팔면 되겠다 생각했죠. 그러니까 그저 쉽게 경영이나 하면 될 것이라고 생각하고 어머니 말씀에 동의한 것입니다. 또 부친의 도자기 사업을 잇는 것이 아버지뿐만 아니라 어머니께도 효도할 수 있는 길이라고 생각한 측면도 무시할 수 없습니다. 이런 배경이 있지 않고서는 제가 이런 사업에 뛰어들 리가 없지요.

사실 제가 수년 전에 회장님을 처음 뵐을 때 저도 회장님이 전혀 문화와 관계되는 분이라고 생각하지 못했습니다. 실례가 되는 말씀일 수도 있겠는데요, 회장님의 첫인상은 조직의 보스 같은 느낌이었습니다.

허허 그래요? 그만큼 내가 문화 쪽과는 관계가 없는 삶을 살았다는 이야기로 들리네요. 그런데 어찌 됐든 선친의 도자기 회사를 맡은

광호 조소수 선생 근영

다음 저는 제 생각이 너무나 순진했다는 것을 곧 깨닫게 되었습니다. 제가 그동안 했던 국제무역과 도자기 같은 문화 상품을 파는 일은 너무나도 다른 영역에 속한다는 것을 알게 된 겁니다. 경영도 경영이지만 그 이전에 우리 문화에 대한 이해와 연구가 필요하다는 것을 절실하게 깨닫게 되었죠. 그런 작업이 없으면 도자기를 파는 것 자체가 불가능하다는 생각을 하게 된 것입니다. 도자기가 그렇지 않습니까? 다른 물품들도 문화적이지 않은 것은 아니지만 도자기는 특히 문화적인 물품 아닙니까. 그래서 그때부터 저는 도자기 공부를 시작했고 그러다가 식탁 차리기나 더 나아가서 음식과 술까지 손대게 된 것입니다.

아, 잠깐만요. 음식까지 가려면 아직 갈 길이 멉니다. 회장님은 도자기부터 하셨으니까 그 이야기로 시작할까 합니다. 그렇게 하려면 회장님 부친에 대한 이야기부터 해야겠습니다. 부친이 어떤 계기로 우리 도자기 산업에 뛰어들게 되신 건지 그것부터 말씀해 주시지요.

일본의 도자기 문화

우리 부친은 일제시대 때 일본 동경서 살았는데 그때 일본의 다도 문화를 접하게 됩니다. 그리고 당연한 순서로 차를 담는 자기(瓷器)에 대해 관심을 갖게 되었는데, 최 교수도 아시다시피 일본의 자기는 우리나라로부터 강한 영향을 받지 않았습니까? 그때 부친은 조선의 백자뿐만 아니라 고려청자의 신비로운 색깔에 큰 감동을 받게 됩니다. 이 도자들은 그야말로 세계 최고의 수준을 자랑하던 것 아니었습니까? 그런데 이런 것들을 만들 수 있는 기술이 일본에는 당시에도 살아 있을 뿐만 아니라 더 높은 단계로 발전하고 있었는데 우리에게는 다 끊긴 현실을 보고 선친께서는 매우 애석하게 생각하셨습니다. 그뿐만이 아니죠. 우리 조상들이 애용했던 다완(茶碗)도 정작 본국인 한국에서는 실종된 반면 일본서는 최고의 인기를 누리는 사실에 대해서도 부친은 심한 충격과 갈등을 겪게 됩니다.

"다완이라면 '이도[井戸] 다완'과 같은 이름으로 불리던 막사발을 말씀하시는 건가요?" 청자나 백자에 대해서는 잘 알려져 있지만 막사발은 아직도 약간은 덜 알려져 있기 때문에 확인이 필요했다.

"맞습니다." 조 회장의 활기찬 답변이 돌아왔다. 나도 한마디 끼어들었다.

제가 알기로는 16~17세기에 막사발로 불리는 그릇이 일본에 수출되면서 그곳에서 굉장한 인기를 끌었다고 하더군요(요즘에는 이 그릇을 막사발로 불러서는 안 된다는 주장이 강력하게 대두되고 있다). 이 막사발을 처음 접한 일본 도공이 '일생에 이런 사발을 하나만이라도 만들면

일본의 국보가 된
우리의 '막사발'

죽어도 여한이 없겠다'라는 말부터 시작해서 이 그릇에 대한 일본인들의 찬사는 끝이 없었습니다. 지금 광주요에서 이런 그릇도 만들고 있습니까?

그럼요. 꽤 비싼 가격으로 막사발류의 그릇이 만들어지고 있습니다. 그런데 최 교수님, 이 막사발이 일본에서 왜 인기를 끌게 되는지 아십니까? 당시에는 도요토미 히데요시 같은 영주들이 자기 부하들에게 하사하는 선물로 이 사발이 최고였다고 합니다. 그러나 이것이 직접적인 원인은 아닙니다. 이런 그릇이 애용될 수 있었던 것은 일본에 그만큼 다도가 발달했기 때문이죠. 차 마시는 것이 생활화되어 있었기 때문에 찻그릇, 즉 다기가 발달할 수 있었던 거죠. 최 교수께서는 이 그릇의 특징이 무엇인지 알고 계시죠?

네. 그 역동적인 투박함과 자유분방함 정도로 알고 있습니다마는…….

그렇습니다. 이런 그릇이 일본에서 인기를 끌게 된 연유를 알려면 우선 그들의 차 문화를 알아야 합니다. 최 교수님은 일본의 전통 다실을 본 적이 있는지 모르겠는데 일본의 다실은 아주 깔끔하게 정제되어 있습니다. 모든 게 직선으로 반듯반듯하게 되어 있지요. 거기다 도요토미 같은 이들은 황금을 칠해서 더욱더 완벽하게 장식을 했습니다. 여기에 우리의 막사발이 놓이면 이 막사발은 말 그대로 '포인트'가 되면서 환상적인 미를 연출해냅니다. 생각해 보세요. 극히 정제된 실내에 자유분방하기 짝이 없는 대담한 작은 그릇이 가운데 있는 모습을 말이지요. 상상만 해도 즐거운 모습입니다.

여기에 일본인들의 뛰어난 미적 감각이 있는 겁니다. 이 때문에 우리의 막사발이 일본에서 선풍적인 인기를 끌었고 꼭 막사발 때문만은 아니겠지만 일본이 임진왜란을 일으킨 이유 중 하나가 조선의 도자기 혹은 도공들을 일본으로 데려가기 위한 것이라고 하지 않습니까? 이런 차 문화를 만들어낸 사람이 도요토미에게 다도를 가르쳤던 센노리큐[千利休] 스님이라고 하지요? 일설에 이 센노리큐 스님의 할아버지는 한국인이라고 하더군요.

막사발이나 차 문화를 가지고 이야기하기 시작하면 끝이 없습니다. 단행본을 써도 모자랄 지경이니 다음 기회로 미루고 선친의 이야기로 돌아가도록 하지요. 일본의 다도 문화를 접하고 충격을 받으신 다음에 선친께서는 무슨 일부터 하시게 됩니까?

새롭게 시작되는 한국의 도자 산업

네. 이런 문제의식을 지니고 있었던 선친은 해방 뒤 귀국해서 1963년 경기도 이천에다가 광주요라는 도자기 회사를 만듭니다. 굳이 회사 이름을 광주요라고 한 것은 최 교수님도 아시는 것처럼 광주에는 조선의 관요가 있어서 최고급의 그릇을 만들어 왕실에 헌상하지 않았습니까? 부친께서는 바로 그 관요의 전통과 장인 정신을 이어받고 싶으셨던 겁니다.

부친께서는 해강 류근형 선생 같은 이름난 도예가들을 모아 공동 작업을 시작하게 되는데, 그때 전국으로부터 유명한 도공 20여 명을 한자리에 모았습니다. 이렇게 많은 도공들을 모았던 까닭은 전통 도자업계에서는 기술이 유출되는 것을 막기 위해 철저하게 분업을 했던 데에 연유합니다. 철저하게 분업을 하게 되니 흙만 만지는 사람, 그릇을 성형하는 사람, 유약을 바르는 사람, 조각을 하는 사람, 가마에 불 때고 굽는 사람 등이 다 각각 있어야 했죠. 이때 함께 작업했던 분들이 나중에 독립해서 그 주위에 독자적인 요를 만들었기 때문에 그 결과 이천 지역이

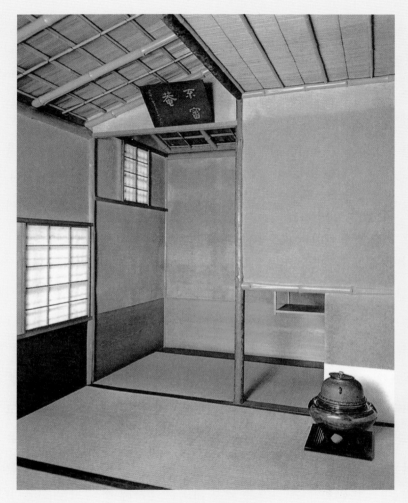

한 치의 틈도 없이 꽉 짜여 있는 일본의 다실

전통 도자의 중심지가 되는 데에 일조를 하게 됩니다.

그렇게 해서 부친께서 제일 처음에 하셨던 일이 무엇입니까?

말씀드린 대로 선친께서는 요에 파묻혀 청자와 백자, 분청사기 등이 가지고 있는 빛이나 모양, 질감 등 한국 도자기의 모든 것을 재현하려고 혼신의 힘을 기울이셨습니다. 그리고 이렇게 만든 도자기들을 가지고 국내 시장보다 일본이라는 해외 시장으로 먼저 진출했습니다. 선친이 국내보다 일본으로 먼저 간 것은 그때로서는 어쩔 수 없는 일이었습니다. 지금은 조금 나아졌지만 당시 한국인들은 자국 문화에 대해 관심이 없었고 있더라도 아직 도자기까지는 그 관심의 영역에 포함되지 않았던 때입니다. 그때 인사동에 있는 골동품 상점에서는 귀한 도자기들이 별로 비싸지 않은 가격에 많이 팔렸습니다. 그러니 당시 한국인들이 우리가 만든 새로운 전통 도자기에 관심을 가질 리가 없었죠.

우스갯소리로 그때 골동품에 눈을 떴다면 팔자 고칠 뻔했다는 말을 많이 합니다. 저는 골동품계는 잘 모릅니다마는 제 전공하고 가까운 고서 쪽 이야기를 들어 보면 대동소이하더군요. 고서를 파는데 책의 내용이나 작성 연대 같은 것을 보는 게 아니라 그냥 근수로 달아서 팔았다는 거예요. 그렇게 팔린 책 가운데 지금 하버드 대학에 있는 옌칭 [燕京(연경): 원나라 때 수도] 도서관의 한국 섹션에 가 있는 것이 많다고 하더군

조각하는 장면(위), 시유하는 장면(아래)

요. 또 미술사를 전공하던 친구 이야기가, 고택에 있었던 많은 좋은 그림들이 불쏘시개로 쓰였다고 해요. 그중에서 김홍도의 그림도 발견됐다는 이야기가 들리고요. 그렇게 우리 전통에 무지했으니 우리 도자기를 만들어봐야 팔릴 수가 없었겠죠.

제가 알기로는 우리나라에서 고려청자나 조선백자들이 다시 본격적으로 만들어지기 시작한 시기가 한일국교 수교 이후의 일로 알고 있습니다. 그 이후에 한국 여행을 용이하게 할 수 있게 되니까 일본인들이 한국에 왔을 때 청자와 백자의 재현품을 찾게 되고 그에 힘입어 일본 수출길도 열리게 된 것이지요. 이천이나 여주, 광주 등지에 여러 도자기업체가 생기게 된 것은 이런 분위기에 힘입은 1970년대 중반이라고 합니다. 그 결과 지금은 서울과 경기도를 비롯해 전국에 도자기를 만드는 업체들이 2,000여 개가 되고 만 명에 가까운 사람들이 이 업체에서 일하고 있다고 하니 우리나라의 도자기 사업이 크게 성장한 것을 알 수 있습니다. 물론 이 업체 가운데 3분의 2는 종업원이 세 사람 이하인 영세업체입니다마는……. 어떻든 우리의 도자 산업을 단절시켰던 일본인들이 다시 우리 도자 산업을 부흥시켰으니 참으로 아이러니한 일이 아닐 수 없습니다. 이렇게 보면 회장님의 부친께서는 선구자적 위치에서 전통 도자 산업을 굉장히 빨리 시작하신 거네요. 그때 그렇게 만든 도자기들을 일본에 가져가니 반응이 어땠었나요?

우리와는 상황이 다른 일본에서 우리 도자에 대해 어떤 반응이 있었는지 궁금했다.

최 교수 말씀대로 선친이 너무 앞서 나가셨는지 일본에서의 첫 번째 반응은 별로였습니다. 그러나 국교 수교에 힘입어 상황이 조금 좋아지자 선친은 1971년 아예 동경에다가 광주요 상설 전시관을 열었습니다.

그런데 이번에는 다행히 일본인들이 높은 관심을 보였습니다. 사정이 이렇게 된 것은 조금 전에 최 교수가 말씀하신 대로 분위기가 조금 달라졌기 때문일 겁니다. 그리고 1964년에 일본이 동경 올림픽을 치르면서 경제가 급성장한 것도 우리 도자기가 많이 팔리는 데에 일조를 합니다. 일본이 부유해지기 시작하고 나름대로의 국제화가 진행되면서 부유층을 중심으로 한국 골동품에 대한 수요가 늘어나 우리 회사 제품이 꽤 고가로 팔린 것이지요.

이렇게 광주요 그릇이 잘 팔리니까 선친께서는 한편으로는 기쁘면서도 한편으로는 항상 자존심에 상처 같은 게 있었습니다. 왜냐하면 도자기야 우리가 훨씬 더 선진국이었는데 이제는 일본인들 앞에서 꼼짝 못하고 있으니 그럴 만도 하겠지요. 게다가 수출할 때 다기의 품종이나 디자인을 우리 마음대로 못하고 일본인들의 일방적 요구를 반영할 수밖에 없었으니 더 그러셨을 겁니다. 마치 우리 도자 산업이 일본 도자 산업에 예속되는 것 같으니 선친의 마음이 편했을 리가 없었겠죠. 원래 선친께서는 한국 고유의 디자인과 질감으로 일본인들의 코를 납작하게 만들고 싶었는데 현실은 전혀 딴판이라 큰 괴리감을 느끼셨을 것 같아요.

그 외에도 부친이 일본에서 느꼈던 것은 일본의 발전된 도자 문화였습니다. 그들은 우리와 영 달랐습니다. 우리는 식민지 지배와 전쟁, 또 갑자기 들이닥친 서구화 과정을 거치면서 전통문화가 철저하게 단절된 반면 저들은 전통문화를 잘 유지할 수 있었습니다. 도자 분야도 예외가 아니었습니다. 다도 문화가 만개하면서 그들은 도자 문화와 제조 기술을 세계 최고로 끌어올릴 수 있었습니다. 부친이 목격했던 것은 바로 그 세계 최고의 도자 문화였으니 얼마나 상심하셨을지 상상이 됩니다. 아마 상당한 한계를 느끼셨던 것 같아요. 이제 그런 현실을 타개하는 일은 2세인 저한테 주어지게 됩니다.

선친의 성공과 좌절감이 남의 얘기처럼 들리지 않습니다. 그게 모두 당시에 우리 민족이 겪었던 일이었으니 말입니다. 그런 현실을 알면서도 우리는 당시에 속수무책이었죠. 우리의 역량이 아직 길러지지 않았기 때문입니다. 조금 전에 일본에서는 차 문화가 발전되어 다기까지 크

게 발전했다고 하셨는데 우리나라는 그 반대로 되었습니다. 원래 우리
도 고려 때까지는 불교의 영향으로 차를 많이 마셨습니다. 그러나 조선
조가 들어서면서 차를 멀리하기 시작했고 대신 술을 많이 마시기 시작
했습니다. 그렇게 차를 안 마시니까 — 물론 정 다산이나 초의 선사 같
은 예외적인 인물도 있었지만 — 조선 말이 되면 그 박식한 실학자들도
차에 대해서는 아주 무지해지는 사태가 발생합니다. 가령 이익 같은 학
자들의 기록을 보면 차에 대해 아주 그릇된 정보를 갖고 있는 것을 알
수 있습니다.

　또 그 신비의 그릇이라는 막사발도 우리나라에서는 다기로 쓰였던 것
이 아니라고 하지요? 우리는 아직 이 막사발이 어디서 누구에 의해 누구
를 위해 만들어졌는지 알지 못하고 있어 섣부른 추단은 할 수 없습니다
마는, 이 그릇이 찻그릇으로 쓰이지 않은 것은 확실합니다. 그러나 일본
에 수출되면서 일본인들은 이 그릇을 찻잔으로 사용했습니다.

　자 이제 부친 이야기는 어느 정도 되었습니다. 이런 상황에서 부친의
가업을 이어받으신 다음 어떤 일을 어떻게 착수하셨는지 궁금합니다.
그것에 대해 말씀 좀 해주시죠. 이제 본론으로 들어갑니다.

세계의 모든 나라들이 자기네들의 문화로 더 많은 영향력을 행사하려는 이 판국에 우리가 아무것도 하지 않고 있으면 결국 우리의 안방까지 다른 나라의 문화에 내주는 꼴이 벌어지고 맙니다. 우리 국민들이 한국 문화를 찾게 만들려면 우리 문화의 경쟁력을 키워야 합니다. 우리 문화의 경쟁력을 키워서 매력적인 것으로 만들지 않으면 외국사람들은 차치하고라도 우리들 자신이 우리의 것에 관심을 잃게 됩니다. 그러면 자연스레 우리 문화가 하나씩 둘씩 사라지게 되는 거지요.

도자기를 통해 전통문화의 세계화에 눈을 뜨다

도자기를 통해 전통문화의 세계화에 눈을 뜨다

아까도 말씀드렸습니다마는 광주요를 직접 맡아보니 도자기 사업이라는 게 단순히 그릇 만들어서 파는 게 아니었습니다. 물론 아무 생각 없이 옛날 그릇을 그대로 본떠서 만들어 팔면 문제는 없을지 모르겠습니다. 그러나 그것 자체에도 문제가 있습니다. 즉, 전통을 우려먹는 것에는 한계가 있기 때문입니다. 뿐만 아니라 그런 식으로 옛것에 안주하는 것은 선친께서 항상 갈망하시던 우리 고유의 그릇을 만들어내는 작업과도 너무 노선이 다릅니다. 다시 말해 도자 산업에 뛰어들어 보니 시대에 맞는 새로운 그릇을 만들어내지 않는다면 사업의 앞날 자체가 불투명하다는 것을 확실하게 알 수 있었습니다. 아니 가망이 없다고 해도 과언이 아닐 겁니다.

그런데 우리나라 사람들은 지금 우리 도자기를 거의 쓰지 않습니다. 다 아는 내용입니다마는 우리나라 사람들이 쓰는 그릇들을 보면 정말 참담할 지경이에요. 아무 문화적인 감각이 없는 천편일률적인 그릇만 쓰고 있지 않습니까? 아니, 지금 사람들은 우리의 그릇 문화에 무슨 문제가 있는지도 몰라요. 그저 혹시 좋은 외제 그릇이 있으면 사려고 하지 우리 그릇에는 그다지 관심이 없습니다.

한국 사람들이 외제 그릇 좋아한다고 하니 나도 생각나는 게 있었다.

맞습니다. 제가 1980년대에 미국에서 유학할 때 그곳 교포들이나 학생들 사회에서 '노리다케'라는 그릇을 사는 게 유행했던 적이 있습니다. 그때 그 사실을 안 어떤 외국인이 그랬다더군요. 어떻게 한국인들이 다른 나라 그릇을 살 수 있느냐구요. 도자기하면 한국 — 정확히 말하면 고려와 조선이겠지만 — 은 중국과 더불어 세계에서 최고의 선진국이었는데 그 후손들은 별것 아닌 상업적 도자기에 환장을 하고 있으니 딱하다는 것이었죠.

그런 일이 있었군요. 우리의 그릇 문화 현실을 보면 그 정도는 아무것도 아닙니다. 그 문제에 관해서는 앞으로 더 이야기할 겁니다. 어쨌든 저는 왜 우리나라 사람들이 도자기를 쓰지 않는가에 대해 생각해 보았습니다. 답은 너무나도 뻔했습니다. 한국에는 아직 도자기를 즐길 수 있는 문화가 형성되지 않았던 것이었습니다.

앞에서도 이야기한 것이지만 일본에서 도자기 문화가 꽃필 수 있었던 것은 차 문화가 극도로 발전했기 때문입니다. 마찬가지로 중국의 송나라에서 그 유려한 청자가 발전할 수 있었던 것도 차 문화가 발전했기 때문입니다. 중국의 차 문화는 상상을 불허하는 것이지요. 중국인들은 지금도 얼마나 차를 많이 마시고 있습니까? 문화란 여러 요소가 함께 연결되어 있는 것이라 하나만 발전시킨다고 문화 전체가 같이 발전되는 것이 아닙니다. 아니, 어느 하나만 골라 그것만 발전시키는 것 자체가 불가능한 일입니다.

그런데 우리나라 사람들은 도자기를 어떻게 생각하고 있었습니까? 하나의 예술품으로만 생각해서 감상용으로 간주하거나, 아니면 돈 좀 있는 사람은 투자가치가 있는 골동품 정도로만 생각하는 게 대부분이었습니다. 그러니까 한마디로 그릇이라는 게 일상생활과는 아무 관계없는 '퇴물'이라고 생각했던 것이죠. 지금은 조금 나아졌습니다마는 광주요가 수출에 주력하고 있던 1970년대까지는 그런 생각이 대종을 이루고 있었습니다.

그러나 최 교수께서도 잘 아시다시피 고려청자나 조선백자가 지금이야 보물이나 비싼 골동품 취급을 받지 당시에는 어디 그랬습니까? 청자나 백자는 원래 일상생활에서 쓰는 식기나 용기 아니었습니까? 청자나 백자가 그렇게 좋은 그릇이 될 수 있었던 것은 생활과 밀착된 수요가 있었기 때문입니다. 수요가 많았기 때문에 재질이나 디자인 등을 개량하는 데에 대한 자극도 굉장히 강했을 겁니다. 청자나 백자가 세계에서 가장 우수한 그릇이 될 수 있었던 것은 바로 이런 배경이 있었기 때문에 가능했던 것입니다.

나도 한마디 거들었다.

저도 회장님 말씀에 전적으로 동의합니다. 우리나라가 현재 세계에 자신 있게 내놓을 수 있는 제품 가운데 이동전화 단말기 같은 것은 세계가 알아주는 제품 아니겠습니까? 우리나라 젊은이들은 기계를 자주 바꾸는 것으로 유명하지요. 그러면서 새 기계에 대해 계속적으로 평을 하고 이렇게 저렇게 바꾸라는 식으로 주문을 합니다. 그러면 회사들은 한시도 안주하지 못하고 새로운 기능을 가진 기계를 만들 수밖에 없습니다. 기계를 팔려면 어쩔 수 없는 일이지요. 그래서 다른 나라 회사들도 같은 제품으로 새로운 기계를 만들면 한국에서 먼저 시험해 본다고 하더군요. 한국에서 성공하면 다른 나라에서도 성공한다는 무언(無言)의 철칙이 있다는 얘기를 들은 적이 있습니다. 어떻든 이런 예가 모두 수요가 있으면 좋은 제품이 나온다는 것을 말해준다고 생각합니다.

새로운 그릇 문화를 선보이며

나도 전적으로 동의합니다. 그런 생각 아래 저는 어떻게 하면 새로운 그릇을 만들 수 있을까 하고 고심에 고심을 거듭했고 그 결과 전통에 뿌리를 두면서도 새로운 감각을 지닌 그릇을 개발하여 시장에 내놓아 보았습니다. 그런데 지금은 우리 회사의 그릇들이 인정받고 있지만 처음부터 그랬던 것은 아니었습니다. 보통의 한국인들은 서구 문화가 우월하다고 생각하고 있었을 뿐만 아니라 서구식의 식생활에 익숙해 있어 그들이 갖고 있는 선입견을 깨는 게 너무 힘들었습니다. 무슨 선입견이냐고요? 뻔한 거지요. 우리가 만든 도자기는 선조들이 지닌 기술에는 미치지 못하면서 빛과 모양만 흉내 낸 불량품이라고 생각하는 것 말입니다. 이런 편견들 때문에 처음에 저희 회사의 직원들은 좌절도 많이 했습니다.

이런 과정을 통해서 저는 도자기가 과연 무엇인지 다시 생각해 보았습니다. 그런데 답이야 뻔하지 않겠습니까? 그릇이란 음식을 담아 먹기 위해 필요한 것 아니겠습니까? 그래서 음식과 연관시켜 그릇을 팔아야겠다는 생각을 하게 됐고 이 생각을 모친께 말씀드렸더니 대찬성을 하셨습니다. 그러니까 전통 음식 혹은 전통에 기반을 둔 음식과 우리 회사 그릇을 접목시켜 조화를 이루는 모습을 창출해내면 소비자들도 인식을 전환하고 구매 욕구도 생기지 않을까 하는 생각이었죠. 한마디로 말해서 우리 음식에 가장 잘 맞는 그릇을 만들어 보자 하는 것이었죠.

이야기가 흥미진진해져 갑니다. 그런 과정에서 또 힘드셨던 일은 없었나요?

이제 이야기가 점입가경이 되는 것 같았다.

문제가 왜 없었겠습니까? 우리 내부에서도 문제가 있었죠. 제일 큰 문제 중 하나는 우리 회사에서 그릇을 디자인하는 사람들이 우리 음식에 대해 잘 모른다는 것이었습니다. 음식에 대해 거의 모르고 있으니 실생활에 딱 맞는 그릇을 만들 수가 없었던 것이지요. 사실 그것은 당연한 일이었습니다. 전승 자기가 생활용품이 아니라 예술품처럼 간주되어 왔기 때문에 그릇 만드는 사람들이 일상 문화까지 알 필요가 없었죠. 그래서 우선 우리 회사 직원들부터 교육을 시켜야 했습니다.

그러는 한편 우리 회사에서 만든 그릇이 우리 전통 음식과 얼마나 잘 맞는지 보여주기 위해 모친께서는 집에서 직접 시범을 보이는 기회를 계속 만들었습니다. 의도적으로 지인들을 집으로 초대해 우리 회사 그릇에 음식을 담아 대접을 했습니다. 어떤 음식이 어떤 그릇에 맞는지 각 그릇에 어울리는 음식을 담아 직접 선보인 것입니다. 일종의 문화 체험이었죠. 물론 집으로 초대하는 거니까 많은 사람들이 올 수 있는 것은 아니었습니다. 그러나 저와 모친은 어떻게 해서든 이런 문화의 저변을 확대하고 싶었고 왔던 분들의 반응을 보고 싶어 했습니다. 당시 오셨던 분들이 해주셨던 이야기들은 저에게 많은 도움이 되었습니다.

네. 저도 고맙게도 회장님 댁에 초청을 받고 그 '행사'에 참여했던 기억이 납니다. 저는 태어나서 그렇게 기품 있는 한국 식탁은 처음 보았습니다. 의자에 앉아서 먹었기 때문에 서양식처럼 보이지만 내용물들은 전부 한국식이었습니다. 그런 식탁 문화는 어떻게 된 겁니까? 이전에는 없던 것이니까 직접 만드신 것 아닌가요?

물론 우리가 직접 개발한 것이지요. 처음에는 전통적이면서도 현대에 사는 우리에게 적합한 식탁 문화를 만들기 위한 노력을 집에서 했습니다. 그러나 집에서 하던 행사는 그 자체로서의 의미에도 불구하고 아무래도 참석자들이 제한적이라 좀더 공개적으로 이런 행사를 하자는 쪽으로 의견이 모아졌습니다. 그러는 사이에 모친은 돌아가셨고 그 일은 제 아내가 계속하게 됩니다. 그동안 회사에서는 회사 나름대로 식탁 문화에 대한 연구를 계속하고 있었습니다. 이런 노력을 결집하여 우리 회사에서는 우리가 그동안 개발한 식탁 문화를 소비자들에게 보다 더 효율적으로 알리기 위해 1998년부터 매년 '아름다운 우리 식탁전'이라는 이름의 행사를 계속해서 하고 있습니다. 뿐만 아니라 이런 식탁 문화를 소비자들에게 항시적으로 보여주기 위해 우리 회사의 어떤 매장에서는 아예 한 층을 할애하여 식탁 문화를 선보이는 장소로 활용하고 있습니다.

아름다운 우리 식탁

나도 그런 장소에 가본 적이 있어 끼어들었다.

네 그곳은 저도 가본 적이 있습니다. 그런데 그곳도 그렇고 식탁전 할 때에도 가보면 식탁만 예쁘게 꾸민 게 아니던데요? 식탁만 있는 게 아니라 아예 방 전체를 꾸며 놓았더라고요. 앞에서도 잠깐 언급을 했습니다마는 전통 그림을 소재로 해서 만든 벽지를 가지고 방 내부를 장식했더군요. 호랑이 민화뿐만 아니라 호피(虎皮) 그림이나 책거리 그림 같은 것을 소재로 해서 만든 벽지더군요. 그뿐만 아니라 여러 민화를 액자로 만들어 걸어놓기도 하고 전통 그림을 소재로 한 타일도 있었습니다. 심지어는 비슷한 소재를 사용해 쿠션까지 만들었더군요. 그렇게 장식하니 온 방이 완전히 한국 문화 체험실로 바뀌더군요. 그때 참으로 재밌고 감명 깊게 보았습니다.

내가 그러지 않았습니까? 문화란 모든 게 연계되어 있다고 말입니다. 어느 하나만 발달한다고 해서 전체가 다 좋아지는 게 아닙니다. 신경을 쓰려면 다 써야 합니다. 비근한 예를 들어볼까요? 우리 젊은이들은 미국에서 들어온 햄버거를 아주 좋아하지 않습니까? 그런데 햄버거를 먹는

아름다운 우리 식탁

민화로 만든 액자

다는 것은 단지 햄버거라는 음식 하나만을 먹는 것을 뜻하지 않습니다. 왜냐구요? 보십시오. 햄버거를 먹을 때 많은 경우 콜라를 같이 먹습니다. 콜라가 무엇입니까? 미국 문화를 가장 잘 나타내는 심볼 아닙니까?

게다가 햄버거 가게 안의 장식은 온통 미국 문화, 특히 미국의 대중 문화를 상징하는 것들로 가득 차 있습니다. 그중 대표적인 것을 들라면, 나는 가게 안에 항상 울려 퍼지는 록음악을 들겠습니다. 하드록이야말로 미국을 대표하는 음악 아닙니까? 그리고 그런 집에 들어갈 때 옷은 어떤 것을 많이 입습니까. 남녀 불문하고 청바지를 입고 들어가지요. 청바지 역시 미국의 대표적인 상징이라는 건 말할 필요도 없이 상식에 속하는 일입니다. 그러니까 보십시오. 햄버거 가게에 들어서는 순간 그 사람은 완전히 미국 속으로 들어가는 것이 됩니다. 그리고 햄버거를 먹는 것은 한 끼를 때운다는 일차적인 행위가 아니라 미국 문화 자체를 먹는,

혹은 소비하는 아주 상징적인 행위가 됩니다. 이렇듯 음식에는 여러 차원 혹은 여러 요소가 관계되어 있습니다.

들고 보니 정말로 다 옳은 말씀입니다. 그러니까 회장님 말씀은 '우리가 우리 음식이나 그릇 등을 세계에 내다 팔려면 하나만 가지고 되는 것이 아니라 우리 문화를 세트로 해서 팔아야 한다' 그런 말씀으로 이해됩니다. 이제 음식 이야기를 들어야 하는데 그 이전에 우리 문화의 세계화 문제에 대해서 잠깐 이야기했으면 좋겠습니다. 회장님도 우리 문화의 세계화에 앞장서시는 분 아닙니까? 아주 근본적인 질문입니다마는 세계화가 왜 필요하다고 생각하십니까?

왜 한국 문화를 세계화해야 할까

몇 년 전부터 우리는 주위에서 문화 전쟁이라는 말을 많이 들어 왔습니다. 지금 전 세계의 유력한 나라들은 자기네들의 문화를 가지고 더 많은 영향력을 행사하려고 노력하고 있습니다. 물론 이런 나라 가운데 가장 대표적인 나라가 미국이겠지요. 미국 문화는 사정이 어찌 됐든 전 세계에서 가장 경쟁력 있는 문화가 되었습니다. 이런 판국에 우리가 아무엇도 하고 있지 않으면 결국 우리의 안방까지 다른 나라의 문화에 내주는 일이 벌어지게 됩니다. 우리나라 사람들이 다른 나라의 문화를 향유하는 것 자체를 가지고 뭐라고 말할 수는 없습니다마는 우리 것을 외면하면서 다른 문화를 찾는 것은 곤란하다는 말이지요.

그런데 우리 국민들이 한국 문화를 찾게 만들려면 어떻게 해야 되는지 아시겠어요? 제 생각에 이것이 가능해지려면 우리도 세계 시장으로 뛰어들어서 우리의 문화를 팔아야 합니다. 우리 문화의 경쟁력을 키우자는 뜻입니다. 만일 우리가 우리 문화의 경쟁력을 키워서 매력적인 것으로 만들지 않으면 외국 사람들이 관심을 두지 않는 것은 고사하고 우리들 자신이 우리의 것에 관심을 갖지 않게 됩니다. 그러면 자연스러운 결과로 우리 문화가 하나씩 둘씩 사라지게 됩니다. 우리 문화 가운데에 그렇게 사라지기에는 아까운 것들이 너무 많다는 게 제 생각입니다. 우리가 잘못해서 훌륭한 우리 것들이 사라지게 된다면 후손들에게 얼마나 잘못하는 일이겠습니까?

조 회장이 비장해 하는 표정을 지어 내가 나서서 잠깐 말을 끊었다.

그러니까 문화 경쟁력을 키우자 그런 말씀이시죠? 그럼 구체적으로 그 경쟁력을 어떻게 키우나요? 예를 들어가면서 말씀해 주시면 좋겠습니다.

조 회장의 대답은 거침이 없었다.

저는 문화를 확산시키려 할 때 항상 오피니언 리더라고 불리는 상류 계층을 대상으로 해야 한다고 생각합니다. 제가 지금까지 보니까 예외 가 없는 것은 아니지만 문화란 거의가 다 물처럼 높은 데서 낮은 데로 흐르더군요. 그러니까 상류 계층에서 향유하던 문화가 서서히 밑으로 침투되어 중류층의 문화나 기층의 문화를 만들어낸다는 것이지요. 이것 은 기층에 속한 사람들이 상류층의 문화를 동경하면서 배워 나가기 때 문에 생긴 현상으로 볼 수 있지요. 우리도 마찬가지이지만 과거의 유럽 을 보면 왕실에서 통용되던 문화들이 점차로 귀족들 사이에 퍼지고 그 것이 다시 돈 많은 상인들에 의해 향유되고 이런 식으로 문화가 점차 확 대되어 간 것입니다. 근대에 들어와 많은 나라에서 점차 경제력이 향상 되면서 돈 가진 사람들이 많이 생기게 됩니다. 그러면 이 사람들은 자신 들의 지위를 공고히 하기 위해 사회적 지위를 보장해 주는 문화에 관심 을 갖게 됩니다. 예를 들어 돈 많은 상인들이 돈을 모은 다음에 하는 일 이 바로 문화적인 데에 관심을 돌리는 것입니다. 자신들도 귀족들처럼 교양이 있는 것처럼 보이고 싶은 것이지요.

예를 들어볼까요? 지금 우리가 음악당에 가서 감상하는 서양 음악회 가 그런 예에 속한다고 할 수 있을 겁니다. 지금 우리가 즐겨 찾는 서양 음악회란, 연주자는 무대에서 아주 조용한 분위기 속에서 연주하고 청중들은 아무 짓도 못하고 음악만 듣는 그런 식의 서양 음악회를 말합니다.

제가 아는 지식에 의하면 그런 식으로 진행되는 음악회는 상인 계층에서 생겨난 것이라고 하더군요. 상인들이 돈을 많이 벌고 나니 그때부터는 문화로 눈을 돌려 귀족처럼 상류 문화를 향유해 보고 싶어진 거지요. 그래서 음악회를 연 것인데 사실 귀족들은 저렇게 조용하게 안 들었을 거예요. 음악가의 사회적 지위가 귀족들보다 한참 밑이니 귀족들이 꼼짝도 않고 음악만 듣지는 않았을 거라는 것이지요. 음악을 듣다가 잡담을 하기도 하고 집중해 듣기도 하고 자기들이 하고 싶은 대로 하지 않았을까 하는 생각이 듭니다. 그러나 상인들은 그렇게까지는 하지 못하고 그들이 보는 귀족 문화의 겉모습인 형식이나 격식을 흉내 내느라 저런 형식적인 음악회를 만들지 않았나 하는 생각을 해봅니다.

그렇게 말씀하시니까 저도 우리나라의 음식문화가 생각나는군요. 한국 음식의 정체성을 따질 때, 처음에 왕실의 음식문화가 사대부로 퍼져나가고 그것이 다시 일반에게까지 가는 과정을 거쳐서 한국의 음식문화가 완성됐다는 거예요. 예를 들어 지금 우리가 먹는 두부 전골은 아주 단순화된 형태로 바뀌었지만 원래는 지극히 복잡한 왕실의 음식이었다고 합니다. 원래의 조리법을 보니까 정말로 복잡하더군요. 두부를 두 개

명창 모흥갑의 공연 모습

명창이 한참 소리를 하다 흥이 고조되면 망아의 경지에 이르러 자신도 모르는 사이에 이전에는 한 번도 취하지 않았던 가락이 튀어나온다. 그러면 소리하는 사람도 놀라고 듣는 사람도 놀라 그 소리에 서로 탄식을 한다.

붙여서 바늘로 꿰매는 등 보통 손이 많이 가는 게 아니었습니다. 궁궐에서야 하인들이 많을 테니 아무리 손이 많이 가도 관계가 없었겠지요. 그렇게 복잡한 음식이 지금은 보통 실비집에서도 먹는 아주 대중적인 음식이 되었습니다.

또 비슷한 예로 판소리를 들 수 있는데 이 판소리도 위에서 말한 것과 유사한 길을 겪으면서 전 국민의 음악이 됩니다. 판소리란 잘못 생각하면 서민들의 예술로 생각하기 쉬운데 사실은 그렇지 않습니다. 물론 시작은 서민에서 비롯되었죠. 그러나 상층문화와 섞이면서 전 계층의 사랑을 받는 그런 예술 장르로 다시 태어나게 됩니다. 그 과정을 잠깐 보면, 판소리가 생겨난 뒤 소리꾼들은 높은 예술적 경지에 도달하기 위해 죽어라 하고 기예를 연마하게 되는데 이것은 자신의 예술을 완성시키려는 의도와는 거리가 멀었습니다. 그보다는 양반의 눈에 들어 그들의 후원을 입게 되면 팔자를 고친다는 생각 때문이었죠. 쉽게 말해서 소리를 잘해서 양반이 자꾸 불러주면 돈을 벌어 호의호식할 수 있다는 극히 단순한 생각에서 비롯된 것이지요. 판소리라는 위대한 예술은 이런 과정에서 생겨난 것입니다. 그렇게 되니 판소리 대사 안에는 글을 배우지 못한 소리꾼들은 전혀 이해하지 못하는 한문 구절이 많이 나옵니다. 양반들의 구미에 맞추어 하다 보니 서민들의 세계와는 많이 다른 한문으로 된 대사가 많이 끼어들게 된 것입니다.

뿐만 아니라 이 판소리를 정리한 이는 양반 계층에 가까운 — 이념적으로는 양반으로 보아야 하는 — 중인(中人)인 신재효 아닙니까? 판소리의 시작은 굿판 같은 아주 밑바닥에서 비롯되었지만 정리는 양반이 하는 기이한 현상이 벌어진 것입니다. 그러나 이것은 부정적으로 볼 게 아니라 기층문화와 상층문화가 섞인다는 의미에서 매우 바람직한 문화 현상으로 볼 수 있습니다. 보다 더 엄밀히 말하면 섞인다기보다는 기층문화가 상층문화를 배워 보다 더 세련된 문화로 바뀌어가는 과정이라고 할 수 있겠죠.

본받아야 할 일본 음식의 세계화 과정

고개를 끄덕거리며 조 회장은 다시 말을 이었다.

나도 그것과 비슷한 예가 생각이 나서 말해 보겠습니다. 문화란 위에서 아래로 흐른다거나 국제화해야 경쟁력 있는 문화적 요소가 될 수 있다는 것을 가장 극적으로 보여준 예가 바로 일본의 스시와 사시미, 즉 초밥과 생선회입니다. 최 교수도 세계 요식계에서 스시 요리가 누리는

정성스럽게 꾸민
일본 음식 '스시'

지위가 어떤 줄 아시죠? 말할 것도 없이 전 세계적으로 일본 식당은 프랑스 식당과 더불어 가장 비싼 식당으로 손꼽히고 있지 않습니까? 일본 음식 가운데에서도 스시는 가장 비싼 것입니다. 일일이 손으로 만드니 비싸지 않을 수가 없을 겁니다.

날생선을 먹는 일본인은 야만인?

그런데 이 스시가 처음에 세계에 알려졌을 때 특히 서구인들이 어떤 반응을 보였습니까? 한마디로 몬도카네라는 반응이었죠. 조금 과장해서 이야기하면 지금 우리가 개고기를 먹는 데에 보인 반응과 비슷하다고 할 수 있지요. 쉽게 말해서 어떻게 생선을 날로 먹느냐는 겁니다. 고기나 생선이란 소스 같은 것으로 간을 잘 한 다음 굽거나 익혀서 먹기만 했던 서양인들이 보기에 아무 간도 안 해서 먹는 스시는 야만인들의 음식처럼 보였던 겁니다. 지금이야 스시 하면 최고급 음식이지만 처음에는 한마디로 말해 혐오 식품이었던 것이지요. 이런 건 충분히 이해가 됩니다. 서로 다른 문화가 만났을 때 늘 이런 일이 벌어지니까 말입니다.

그것 참! 말씀을 듣고 보니 신기하기 짝이 없습니다. 일본인들은 어떻게 해서 서양인들이 스시에 대해 갖고 있던 인식을 바꾸었던 것일까요? 그것도 혐오 식품에서 최고의 음식으로 말입니다. 사람들의 입맛이란 참으로 바뀌기 힘든 데 말입니다.

이야기가 흥미진진해졌다. 답을 기다리지 못하고 내가 다시 물었다.

스시 요리를 포함한 일본 요리가 짧은 기간에 세계화될 수 있었던 것은 1964년 동경 올림픽이 결정적 계기가 됐다고 말하는 일본인이 많습니다. 올림픽이라는 게 전 세계의 시선을 모을 수 있는 좋은 기회 아닙니까? 일본인들은 이런 기회를 놓치지 않고 일식을 포함해서 자국의 문화를 널리 알릴 수 있는 기회로 이용했습니다. 이때 일본에 온 전 세계의 다양한 사람들에게 날생선과 그것을 얹은 시큼한 밥을 선사했는데 좋아했던 사람도 있었지만 조금 전에 말한 것처럼 거부 반응도 만만치 않았습니다.

훌륭한 음식은 쾌락의 종합예술

이때 일본인들이 썼던 전략은 올인원(all-in-one), 즉 일본 문화를 한 세트로 보여주는 것이었습니다. 일식을 보십시오. 스시나 사시미의 간결하고 정갈한 모습은 바로 일본 문화 그 자체라고도 볼 수 있습니다. 생선회는 아주 간결하면서도 섬세하기가 이를 데가 없지 않습니까? 예를 들어 사시미를 먹을 때에 아무거나 마구 먹는 게 아니라 고기별로 먹는 순서가 있는 것이 그렇습니다. 또 생선을 바꾸어서 먹을 때에는 생강 같은 것을 먹어서 앞서 먹었던 생선의 맛감을 없애줍니다. 다음 생선 맛을 정확하게 즐기기 위해서입니다. 이런 데에서 우리는 일본 음식의 섬세함을 충분히 느낄 수 있습니다. 그런가 하면 이 음식을 담는 그릇 역시 일본의 '앗싸리'한 모습을 담고 있습니다. 우리가 다 아는 것처럼 일본의 그릇은 세계적인 수준 아닙니까? 그러니 이 음식들을 얼마나 훌륭한 그릇에 담아 먹었겠어요. 이런 의미에서 일식의 식탁은 시각적 효과를 최대한 살린 매우 높은 품격의 문화 상품이라고 할 수 있을 겁니다.

일본의 음식문화를 다 설명하려면 아직도 멀었습니다. 일식을 먹는 실내의 장식은 어떻습니까? 우선 이국적이지만 깨끗한 다다미방도 굉장히 인상적일 수 있지요. 또 벽에는 일본적인 그림들이 걸려 있습니다. 일본 미인을 그린 그림도 있고 일본화의 효시라고 하는 후지산을 판화로 찍은 그림도 있습니다. 일본화는 벌써 세계적으로 이름이 나 있지 않습니까. 반 고흐 같은 명망 있는 화가들의 그림에 영향을 끼쳤다는 사실 하나만으로도 일본화는 당시에 이름이 있었습니다. 그런 그림이 있는 방에서 식사를 하는 것은 굉장히 문화적인 행위라고 하지 않을 수 없습니다. 지금까지 미각, 시각, 후각을 다 만족시켰는데 청각을 빼놓을 수가 없겠죠. 네, 당연히 일본 음악이 들어가야지요. 고토(琴・箏)의 잔잔하지만 카랑카랑한 소리는 방안의 모든 것과 너무 잘 어울립니다. 자 이렇게 보니까 음식문화 안에 모든 게 다 들어가 있는 것을 알 수 있지요?

아, 잊은 게 있습니다. 종업원에 관한 것입니다. 아름답게 차린 일본 여인이 기모노를 입고 정성을 다해 일본식으로 시중을 드는 것을 빼놓을 수 없습니다. 일식당의 주요 손님이 서양 남성들이라 할 때 그들에게 이런 문화가 얼마나 어필했겠습니까? 자기네들도 과거에는 여성들에게 이런 절대적인 헌신을 받았는데 지금은 사라진 것을 이렇게 이국적인 분위기 속에서 체험하게 되니 얼마나 기분이 좋았겠어요? 누구나 남에게서 대접받는 것을 좋아하고 지금 몸담고 있는 자기 세계를 떠나 이국적인 분위기에서 다른 체험을 하고 싶은 게 인지상정일 겁니다. 일본 식당에 가서 밥을 먹는 건 바로 이런 모든 것을 충족시키는 매우 높은 수준의 문화 체험이 됩니다. 이런 것들이 모두 합쳐져서 일식 문화가 서양인들에게 먹히게 된 것이죠. 그렇지 않고서야 서양인들이 생선회라는 생경한 음식을 받아들이는 것은 불가능했을 겁니다. 이런 과정이 다 끝난 다음에야 서양인들의 입에서 '일본 요리는 일본인의 정성과 혼이 담긴 요리이다' 라는 말이 나오게 됩니다. 일본인들의 전략이 보기 좋게 맞아떨어진 거지요.

조 회장의 이야기는 웅장하기까지 했다. 그동안 국제무역을 하면서 쌓았던 공력이 묻어나오는 것 같았다. 세계 여러 나라를 다니면서 수준급의 문화를 많이 접한 탓에 문화에 대한 눈이 매우 높아졌던 것이다. 나는 동감을 표할 수밖에 없었다.

말씀을 들어 보니까 정말 대단하네요. 저는 그저 사람들이 스시나 사시미를 좋아하기 때문에 먹는 줄로 생각했는데 — 나도 사시미를 무척 좋아하지만 교수 월급 가지고는 좀처럼 먹기 힘든 음식이다 — 이렇게 다양한 문화적 요소가 복합적으로 섞여 있을 줄은 전혀 몰랐네요. 이렇게 보니까 우리 문화가 세계화가 안 된 건 당연한 거지 억울해 할 일이 하나도 아니네요. 우리는 일본인들이 행했던 노력을 한 번도 제대로 기

깔끔하게 정제된 일본 전통 식당의 실내

울인 적이 없지 않았습니까? 1988년에 올림픽을 치렀지만 일본처럼 우리 문화를 전 세계에 알리는 데에는 결코 성공하지 못했습니다. 심지어 2002년 월드컵 때에도 제대로 우리 문화를 알리지 못했습니다. 그때는 얼떨결에 붉은 악마가 나와 면피는 했습니다마는 일본처럼 우리 고유의 문화를 알린 것은 아니었습니다.

우리는 1988년이나 2002년에 우리 문화를 전 세계에 자신 있게 알릴 수 있을 만큼 준비가 되어 있지 않았던 것으로 생각됩니다. 그만큼 우리 문화를 가꾸는 데에 소홀했던 거지요. 지금도 그런 상황은 별로 변한 것 같지 않습니다. 이런 현실을 타개하기 위해 회장님께서 고군분투하시는 거겠지요. 그런데 일본이 1964년 동경 올림픽 때에만 자문화(自文化)의 세계화를 위해 노력을 기울인 것은 아니라고 생각됩니다. 올림픽 같은 기회는 하나의 전환점이 됐을 뿐이고 그 뒤에도 꾸준하게 노력이 있었을 것 같습니다. 그런 노력이 없고서야 일본 음식이 전 세계적인 음식이 될 수가 없었을 겁니다.

음식문화의 수준은 그 나라 문화의 수준

최 교수님도 바로 보셨군요. 일본인들의 노력은 그것으로 끝이 아니었습니다. 일본 정부와 재계(財界)는 일본 문화에 대한 호감을 지속

72

시키기 위해 올림픽 후에도 많은 노력을 기울입니다. 특히 일본 기업들의 노력은 값진 것이었습니다. 아는 사람들은 그렇게 말합니다. 일식이 세계화되는 데에 숨은 공로자는 일본 기업인들이라고 말입니다. 일본 기업인들은 자기네 나라가 세계 2위의 경제 대국이라는 현실을 아주 잘 이용했습니다. 경제적으로 부강하니 외국 상인들과 만날 기회가 많을 것이고 그들은 그런 기회를 잘 이용했던 것입니다.

미국을 예로 들어볼까요? 일본 음식이 세계로 알려지면서 미국의 주요 도시에는 일식당이 많이 생깁니다. 이때 이 식당들은 한결같이 고가(高價)일 뿐만 아니라 그에 걸맞은 고급 요리가 나오는 곳이라는 이미지를 의도적으로 고수합니다. 다 아는 것처럼 미국에 있는 외국 식당 중에서 일본 식당이 제일 비싸지 않습니까? 그런데 비싸면 사람들이 오겠습니까? 그러나 데려가서 사주면 안 올 사람이 하나도 없을 겁니다. 일단 체험시키는 일이 중요하지 않겠습니까? 그래서 일본 기업인들은 자기네들 사업 문제로 회의를 하거나 접대를 할 일이 있으면 꼭 일본 식당으로 미국 기업인들을 데려갔습니다. 물론 아무나 데려간 것은 아니고 크게 대접할 일이 있는 VIP들이 주요 대상이었죠.

이렇게 해서 일식당에 가면 이건 완전히 일본 문화의 체험 현장이 됩니다. 생각해 보세요. 일본인들이 미국의 VIP를 식당에 데리고 가서 그들에게 사시미와 스시 먹는 법을 가르쳐주고 젓가락 쓰는 법을 가르쳐주었을 것 아닙니까? 또 회를 먹으면서 술을 먹지 않을 리가 없지요. 이때 술은 다 아는 것처럼 일본의 대표적인 술인 청주 — 흔히들 정종이라고 불리는 — 이겠죠. 청주는 차게 마시기도 하지만 따끈하게 데워 마시기도 합니다. 미국인들에게 술을 데워 먹는 관습은 이때가 처음이었을 겁니다. 이런 식의 문화가 그들에게 얼마나 생경하면서 동시에 경원(敬遠)의 대상이 되었겠습니까? 밥을 다 먹은 뒤에는 세계 최고의 다기에 차를 담아 마시면서 다도는 말할 것도 없고 들려오는 일본의 음악이나 방에 걸려 있는 그림에 대해서 이야기하게 됩니다. 그러니까 그 시간만큼은 일본 문화에 푹 빠졌다 나오는 게 되지요.

정말 놀랍습니다. 아까도 말했지만 밥 한 끼 먹는 데에 이렇게 문화적인 요소가 많이 관계되었을 줄은 꿈에도 생각하지 못했습니다. 우리는 이런 사실에 너무 무심했습니다. 정말로 철저하게 반성해야겠습니다.

나도 모르게 이런 말이 흘러나오고 말았다. 그동안 우리가 우리 문화에 대해 가졌던 태도가 너무 파편적이었다는 것을 알게 되니 조금 자조적인 느낌이 들었다. 조 회장의 말은 계속 이어졌다.

스시와 사시미가 세계화되면서 일본 술이 세계화됐고 일본 차와 차 문화도 전 세계에 알려지게 됩니다. 이런 것을 대접받은 미국인들은 자신이 최고의 대접을 받은 것으로 생각하게 되고 일식을 먹는 것 자체가 부의 척도나 동경의 대상이 되기에 이릅니다. 이것은 미국뿐만 아니라 전 세계의 주요 도시에 있는 일식당에서 공통적으로 일어난 일이었습니다.

거기서 한 걸음 더 나아가 일식당에서 40여 년 동안 일식의 고급스러움을 맛본 사람들은 자연스럽게 이 이미지를 일본 상품에 투영하기 시작했습니다. 그리고 그런 시각은 일본 문화 전반에 대한 인상으로 퍼져서 일본 문화는 전 세계 문화 가운데 가장 뛰어난 문화 중 하나로 각인되게 됩니다. 이와 같이 일식이 창출해낸 부가가치는 돈으로는 결코 환산이 안 되는 대단한 것입니다. 국가 이미지가 향상되는 데에 음식이 대단한 일을 한 것입니다.

'음식' 문화에서 음식 '문화'로

회장님 말씀을 들어 보니 저도 생각나는 게 많습니다. 제가 미국에서 공부할 때도 보면 서양의 젊은 사람들은 정말로 일본 혹은 일본 문화라면 미쳐(crazy about) 돌아갔습니다. 상대적으로 우리 것은 너무나 인정을 못 받고 있어 속도 많이 상했습니다마는, 우린 그동안 일본에 비하면 노력을 거의 안 한 셈이니 할 말이 없겠지요.

일본 문화가 서양 사람들에게 아주 경쟁력이 강한 문화로 읽히는 좋은 예가 있어 말씀 드려볼까 합니다. 회장님도 아실 것으로 생각되는데 1990년 중반에 『문명의 충돌』이라는 책을 써서 전 세계적으로 이름을 날렸던 미국의 정치학자 사무엘 헌팅턴을 예로 들어 설명해 보려 합니다. 헌팅턴은 이 책에서 전 세계의 문명권을 9개 정도로 나누고 있습니다. 그리고 이 문명들이 끊임없이 싸우면서 역사를 진행시켜 왔다고 주장하고 있습니다. 그런데 동북아시아를 보면 그는 중화 문명권 외에 일본 문명권을 별도로 지정하고 있습니다. 다른 문화권에 대해서는 모두 다 종교별로 — 아랍권(이슬람)이나 인도권(힌두교)이나 동남아시아권(불교와 이슬람)처럼 — 나누고 있는데 일본은 독자적인 문화권으로 분류한 거예요. 우리가 보기에는 중국을 떠나서 일본을 하나의 새로운 문명이라고 인정하기가 어려운데 헌팅턴의 눈에는 일본 문명이 중국에 버금가는 문명으로 보인 것이지요. 이 책을 처음 읽을 때 이 면을 참 의아하게 생각했는데 회장님 말씀을 들어 보니 이해가 되는 면이 있습니다. 일본인들은 그만큼 자국의 문화를 서양 사람들의 뇌리에 선명하게 남긴 것입니다. 회장님이 말씀하신 것처럼 일본인들이 이렇게 자국 문화를 알리려고 애쓴 결과 하나의 독립된 문명으로까지 인정받는 일이 생기고만 것입니다.

일본인들이 자국 문화를 수출하려는 시도는 눈물겹지요. 일본이 경제 강국이 그냥 된 게 아닙니다. 다른 예를 하나 들어볼까요? 내 기억으로는 일본이 미국에다가 일본 자동차를 처음으로 팔 때였다고 생각되는데, 그때 일본 정부와 기업은 자동차부터 보내지 않았습니다. 당시 일본은 아직 미국에 지금처럼 잘 알려져 있을 때가 아니었습니다. 그러니 차만 달랑 수출해 봐야 미국인들이 잘 알지도 못하는 나라의 차를 살 리가 만무했을 겁니다. 그래서 일본 정부와 기업은 차를 수출하기에 앞서 일본 문화에 대한 인지도를 높이는 일이 우선시되어야 한다는 결론을 내립니다.

이때 일본에서는 이런 목표를 가지고 그들의 대표적 민속 문화인 가부키 무용단을 우선 미국에 보냈다고 합니다. 그런데 미국인들이 처음 본 이국의 전통 무용단 공연을 보러갔겠어요? 그래서 일본 회사들이 앞장서서 가부키가 공연되는 극장의 표를 다 사서 미국 고객들에게 나누어 줍니다. 이렇게 해서 표가 매진되면 지역 언론에서도 관심을 갖게 되고 그것이 기사화되면서 미국 사회에 점차로 일본이라는 이미지가 알려지게 됩니다. 미국인들에 대한 일본 인지도 확산은 이런 식으로 진행이 된 것이지요. 그러니까 물건부터 파는 게 중요한 게 아니라 일본이라는 브랜드 가치를 올리는 게 더 시급하다고 본 것이지요. 일본이 제대로 알려져야 일본 물건이 팔릴 수 있다는 생각인 거죠.

일본인들의 주밀함에 대해서는 항상 놀라게 됩니다. 그런 것에 비해 우리나라의 경우에는 나라의 이미지가 오히려 기업의 그것을 깎아내리고 있으니 한심하기가 짝이 없습니다. 그저 'SAMSUNG' 이나 'LG' 라는 브랜드로 승부를 봐야지 거기에 'Made in Korea' 라는 표시는 결코 도움이 안 된다는 게 슬픈 현실입니다. 많은 유럽인이나 남미 사람들이 LG나 SK는 유럽계 회사이고 삼성이나 현대는 일본계 회사로 알고 있다는 사실은 재론할 필요도 없는 엄연한 현실로 되어 있습니다. 이것은 아직도 우리나라의 기업이나 정부에 우리의 문화에 대한 인식이 제대로 되어 있지 않다는 것을 뜻하는 것일 겁니다.

지금까지 스시와 사시미에 대해서 말씀해 주셨는데 이런 비판이 있을 수 있겠습니다. 그러니까 문화를 너무 고급화만 시키는 게 아니냐고 말씀입니다. 문화란 대중들이 두루 즐겨야 하는 것인데 너무 소수의 이른바 '가진 자' 만을 위해 문화를 의도적으로 만드는 것 아니냐는 비판이 있을 수 있겠습니다.

일본의 전통무용, 가부키

혹시라도 조 회장 식의 문화적 접근이 계층 간의 위화감을 만들어낼지도 모른다는 노파심 때문에 조 회장에게 이런 질문을 한 것이다.

좋은 질문입니다. 그러나 조금 전에 내가 '문화란 위에서 밑으로 흐른다. 혹은 강한 데서 약한 데로 흐른다'고 하지 않았습니까? 스시도 바로 그런 과정을 겪게 됩니다. 스시가 처음에는 아주 비싸게 시작했지만 계속 대중화 혹은 일상화가 되면서 지금은 '회전 초밥(가이덴 스시)'이라는 매우 대중적이고 값싼 스시 문화가 생기게 됩니다. 최 교수님도 이 회전 초밥집에 가보셨겠죠. 이 정도 되면 우리나라에서 대학생 정도도 갈 수 있는 저렴한 식당이 된 겁니다. 그러나 우선 고급문화가 만들어졌기 때문에 이런 대중문화가 쉽게 나오는 것이지, 먼저 대중문화가 나오고 그것을 상류 계층이 모방해서 고급문화가 만들어지는 것은 아니라는 이야기입니다.

정말 그렇군요. 그 비싼 스시가 유전을 거듭해 회전 초밥집까지 내려온 것은 의미하는 바가 크겠습니다. 이거 음식 이야기가 벌써 너무 많이 나왔습니다. 이따가 음식에 대해서는 집중적으로 할 텐데 말입니다. 우선 도자기 이야기부터 끝내야겠습니다. 그러면 회장님께서는 도자기에 대해서는 어떤 전략으로 임하셨는지 궁금합니다.

우리 문화의 세계화는 고급화부터

고급 혼수 자기 세트 개발

물론 도자기에 대해서도 마찬가지로 고급화 전략을 썼지요. 아까 말한 것처럼 아름다운 식탁전을 열어 그릇 쓰는 법을 계속해서 알려주었더니 잡지사에서도 취재를 하러 오더군요. 그런 노력에 힘입어 이제는 우리 회사의 식탁전이 조금씩 알려지고 있는 중입니다. 이 식탁전을 보아도 알 수 있지만 제가 처음에 새로운 그릇을 만들 때 주요 대상으로 삼았던 것은 우리나라의 상류 사회였습니다. 그중에서도 특히 여성들이 혼수품으로 쓸 수 있게 그릇을 고급으로 만들었습니다. 그때 만든 게 바로 여기에 있는 것입니다. 이 혼수 세트는 2인용으로 식탁 위에 한 번에 올라갈 수 있는 것인데 이 제품이 반향을 일으켜서 광주요의 대표적인 제품으로 자리 잡게 됩니다. 광주요 하면 이 그릇 세트를 연상할 정도로 광주요의 브랜드 상품이 된 것이지요. 그리고 청자로 만든 같은 종류의 그릇 세트가 있습니다. 한 단계 업그레이드 시킨 것이지요. 그래서 청자 세트가 조금 더 비쌉니다.

이 그릇들은 확실히 좀 다른 데가 있군요. 특히 광주요 브랜드 상품처럼 되어 있는 그릇 세트는 첫눈에 봐도 눈에 확 들어오는 게 있습니다.

그릇의 문양도 좋고 특히 드문드문 청자 빛으로 포인트를 넣은 게 참 보기 좋습니다. 저는 사실 회장님을 만나기 전까지는 이런 그릇이 우리나라에 있다는 것을 전혀 몰랐습니다. 이 그릇을 안 다음에 저희 학교 학생들에게 광주요 혼수 세트를 아느냐고 물어 보니까 대부분 알고 있다고 해서 놀란 적이 있습니다. 여학생들 사이에서 광주요 그릇 세트를 혼수품으로 가져가는 게 작은 꿈이었다는 사실을 저는 그때 처음으로 알았습니다. 또 어떤 학생은 집에 이 그릇 세트가 있는데 웬만해서는 잘 안 쓰다가 아주 귀한 손님이 왔을 때만 쓴다는 거예요. 그리고 설거지할 때에도 어머니가 그릇에 흠이 가지 않게 아주 조심해서 하라고 한다는 겁니다. 그만큼 귀한 고가품으로 인식하는 것이지요. 그것을 보고 회장님의 전략이 보기 좋게 성공했구나 하는 생각을 했습니다. 실례가 되는 말씀일 수도 있겠습니다마는 이런 그릇 세트가 지금까지 얼마나 팔렸습니까?

지금까지 보니까 그리 많은 가정에서 산 것은 아닙니다. 한 10만 가구 정도나 될까요? 많은 것은 아니지만 첫술에 배부를 수는 없겠지요. 사정이 어찌 됐든 우리는 우리 문화를 소비하기 위해 노력해야 합니다. 앞에서도 언급했지만 우리가 우리 것을 쓰지 않으면 우리 문화 자체를 포기하는 것이 됩니다. 그렇게 되면 우리 자리에 외국 것이 들어와 자리 잡기 때문에 우리 것이 다 죽게 됩니다. 문제의 심각함은 바로 여기에 있습니다.

그럼 회장님 생각에 이렇게 개발한 우리 것들을 어떻게 하면 더 정착시키고 우리들의 일상생활 속으로 더 끌어들일 수 있을까요? 현장에 오래 계셨기 때문에 묘책을 알고 계실 것 같은데요?

우리 문화를 일상화하는 방법은?

뭐 뾰족한 묘책이란 게 있겠습니까? 우리 한국인들이 문화에 대한 인식을 바꾸고 그 자연스러운 결과로 문화를 발전시키는 데에 좀더 투자했으면 하는 게 제 작은 바람일 뿐입니다. 그런데 아직도 우리나라에서는 문화라는 것 자체가 그리 대접을 받고 있는 것 같지 않습니다. 보십시오. 일본 같은 문화 선진국들을 보면 그곳의 신문 기자들은 문화부라는 곳이 여러 부서를 돌다가 가장 늦게 가는 부서로 알고 있습니다. 그만큼 문화부를 비중 있고 경력이 많이 필요한 부서로 아는 겁니다. 그런데 우리는 어떻습니까? 정치부나 사회부가 훨씬 인기가 좋고 노련한 기자들은 문화부를 기피하는 경향이 농후합니다. 그러니 문화에 관한 기사들은 신참내기 기자들이 쓰게 되고 그 자연적인 결과로 언론이 우리나라의 문화를 이끌어가는 데에 긍정적이고 선도적인 역할을 할 수 없게 됩니다. 이렇게 문화를 주변적인 것으로 생각하는 한 문화가 발달할 여력이 별로 보이지 않습니다.

그 말씀 들으니까 저도 생각나는 게 있습니다. 참여 정부가 들어서면서 대통령의 수석 비서관 중 문화 담당을 없애버린 것입니다. 문화 쪽에 대해 조금 더 신경을 써도 시원치 않은 판국에 오히려 없애버렸으니 문화에 대한 무지를 알 만하지요. 그저 사회 개혁만 외치면 좋은 사회가 도래하는 줄 알고 그쪽으로만 치닫고 문화는 사치처럼 생각하는지 영 신경을 쓰지 않습니다.

물론 이런 현상은 비단 이번 정권에만 국한되는 것은 아닙니다. 회장님도 잘 아시다시피 지금까지 우리나라 문화부 장관 중 진짜 문화계 출신은 거의 없습니다. 죄다 정치권 출신이고 심지어 문화부 장관 자리는 국회의원 선거 나가려고 잠깐 들르는 그런 자리였습니다. 지금도 이름만 대면 다 알 사람들이 — 지금도 그 사람들 가운데 어떤 사람은 국회의원 직에 있기도 합니다마는 — 문화와 하나도 관계가 없으면서 장관직을 거쳤습니다. 그래서 그동안 문화계에서는 정치권을 향해 제발 문화에 종사하는 사람이 장관이 될 수 있게 해달라고 간구했습니다. 이번 참여 정부는 그것을 반영하려는 듯 처음에는 영화감독 출신의 이창동 씨를 장관에 앉혔습니다마는 곧 정치인으로 바꾸어버렸습니다. 이런 예에서 볼 수 있듯이 아직도 우리는 문화를 너무 등한시 하고 있는 것을 알 수 있습니다. 그건 그렇고 우리 문화를 진작시키기 위한 묘책에 대해 더 말씀해 주시지요.

사실 우리 정부나 일반 국민들이 문화를 소홀히 한다는 것에 대해서는 지금까지 너무 많은 지적이 있어 왔기 때문에 또 거론한다는 것이 식상했다.

저는 우리 문화를 진작시킬 수 있는 가장 좋은 방법은 역시 지도층에서 우리의 전통문화를 애용하는 데에 있다고 생각합니다. 그러니까 이른바 오피니언 리더들이 책임을 느끼고 우리 것을 많이 이용해야 한다는 얘기죠. 예를 들어 김대중 전 대통령 같은 분이 서편제를 보러 간 것은 좋은 예라 할 수 있습니다. 그것은 단순히 대통령이 영화 한 편을 보러 간 게 아니라 한국의 전통문화에 대해 전적인 홍보를 하는 하나의 사건입니다. 우리 국민들도 대통령이 서편제를 보러 간 것을 보고 '우리 것이 좋은 것이구나' 하는 생각을 부지불식간에 하게 됐을 겁니다. 서편제가 예상과는 달리 크게 성공하게 된 데에는 이런 요인도 있었을 것으로 생각됩니다.

그리고 청와대나 대사관같이 외국의 귀빈들이 많이 오는 데에서는 의무적으로 우리 것을 써야 합니다. 저희 회사 그릇도 조금 알려져서 재외 공관에서도 주문이 오는 것을 보면 이전보다는 상황이 많이 달라진 것을 알 수 있습니다. 여담이 될 수도 있겠습니다마는 우리나라의 상차림은 원래 각상 받이였습니다. 김홍도가 그린 기로도(耆老圖) 같은 그림을 보면 노인 잔치에 온 수십 명의 노인들 앞에는 각상이 놓여져 있는 것을 알 수 있습니다. 만일 지금도 청와대 같은 곳에서 이런 전통을 이어받아 외국 귀빈들이 왔을 때 각상을 계속 썼다면 우리나라의 소반(小盤) 전통은 절대로 없어지지 않았을 겁니다. 아니 없어지지 않은 정도가 아니라 그 반대로 굉장히 발달했겠지요. 우리나라의 상은 정말로 훌륭한 것이었습니다마는 우리가 이렇게 신경을 안 쓰는 사이에 다 사라져 버렸습니다.

기로세련계도(부분, 김홍도 작)
이전에 양반들은 이렇게 외상(外床)을 사용했다.

그러나 사실 대중적으로 더 좋은 실효를 거두려면 드라마 같은 방송 매체에서 우리 전통 물품들을 자꾸 다루어주는 게 제일입니다. 드라마는 엄청난 폭발력을 갖고 있습니다. 드라마라는 게 전부 밥 먹고 옷 입고 하는 일상생활로 채워져 있으니까 그런 데에서 우리 것을 쓰면 국민들이 우리 그릇이나 옷, 음악 등을 찾게 되고 그러면 우리의 문화 산업이 자동적으로 발달하게 됩니다. 이런 게 쌓이면 우리 문화도 국제적인 경쟁력이 생기고 외국 문화와도 정정당당하게 맞설 수 있을 뿐만 아니라 더 나아가서는 해외에 팔 수 있는 날이 올지도 모를 일입니다.

그릇에는 한 민족의 문화가 담겨 있다

그런데 지금은 그릇을 주로 얘기하는 자리이니 그릇에 대해 한마디 더 거들어 보지요. 제가 주장하고 싶은 것은 우리가 편하다고 아무 그릇이나 쓰다 보면 결국에 가서는 그릇 문화 자체가 죽는다는 겁니다. 제가 자주 언급하는 것입니다마는, 우리나라의 그릇 문화는 음식점의 냉면 그릇이 스테인리스(일명 '스텡') 그릇에서 좀더 품위 있는 그릇으로 바뀔 때 한 단계 업그레이드될 것입니다. 지금 쓰는 냉면 그릇에는 정말이지 문화가 없습니다. 살벌하기 짝이 없습니다. 순전히 음식점 입장만 반영한 그릇입니다. 그네들이 운반하기 편하고 더 나아가서 설거지할 때 깨지지 않고 흠이 안 나니까 그런 그릇을 쓰는 겁니다. 이런 그릇은 마구 집어던져도 아무 문제가 없습니다. 그러니까 우리나라의 식당에서는 음식을 먹는 게 하나의 문화적 행위가 아니라 그저 배만 채우는, 단지 생존을 위한 행위가 되어버렸습니다. 그렇게 그릇을 마구 대하면 그 안에 담겨 있는 음식에 대한 공경심도 생기지 않습니다. 그러니까 음식에 그 무시무시한 가위를 마구 갖다 대어 싹둑싹둑 자르는 일이 가능해집니다. 음식을 먹는 고상한 문화적 행위가 아주 무시무시하고 살벌하게 바뀌어 버렸습니다.

그러나 만일 좋은 그릇을 쓰게 되면 우리는 음식을 만들고 차리고 먹는 데에 조심하고 더 나아가서 경건한 마음을 갖게 됩니다. 문화는 이러는 가운데 발전하게 되는 겁니다. 문화인은 생활하기 위해 존재하지 생존하기 위해 존재하는 것이 아닙니다. 그런데 우리 한국인들은 아직도 생존에만 급급한 것 같은 인상을 많이 받습니다.

식당에서 가위를 써서 면을 자르고 고기를 자른 이야기가 나오자 나도 생각나는 게 있었다.

맞습니다. 냉면 그릇 이야기는 들을 때마다 새삼스럽습니다. 그런데 그 스테인리스 그릇보다 더 비문화적인 게 가위를 쓰는 것 같습니다. 사회 일각에서 음식점용 가위를 개발했다고 하는데 저는 아직 본 적이 없습니다. 이런 음식문화는 특히 외국인들에게는 보여주지 않았으면 하는데 사회에 워낙 만연되어 있습니다. 음식점에서 가위 쓰는 것과 비슷한 현상으로 저는 우리나라 거리에서 가로수를 전지해 놓은 모습을 예로 듭니다. 봄이 되면 가로수들의 가지를 자르는데 제가 전문가가 아니라서 잘 모르는 것인지 몰라도 너무 잔인하고 흉측하게 잘라 놓는다는 생각이 듭니다. 보기에 섬뜩하고 어떤 때는 기분까지 나빠집니다. 나무 입장은 하나도 생각 안 하고 또 보는 사람들의 입장은 전혀 생각 안 하고 일하는 당사자들의 편의만 생각해서 잘라 놓은 것 같습니다. 이와 같이 우리 사회는 전체적으로 지금 너무 살벌한 것 같습니다.

또 아까 말씀하신 상류층의 우리 문화 애호 태도도 그렇습니다. 저도 그 문제는 많이 생각해 보았는데요 저는 한복을 가지고 생각해 보았습니다. 한복이 아름다운 것은 다 아는 사실 아닙니까? 그런데 문제는 점점 한복을 입는 사람이 줄어간다는 것입니다. 지금은 한복이 아예 민속복처럼 되어서 명절 같은 특수한 날만 입는 옷이 되었습니다. 그래서 정부에서는 고육지책으로 고궁에 한복을 입고 오면 입장료를 안 받느니 어쩌고 하는 임시방편책을 쓰고 있습니다. 그런데 그런 것보다 대통령 같은 우리 사회의 최고 리더가 의식적으로 한복을 입으면 문제가 금세 해결될 것 같은데 그렇게는 안 되는 모양입니다. 대통령이 한복을 입으면 국민들이 따라하지 말라고 해도 다 따라할 것 같은데 우리나라 대통령들은 죽어라하고 한복을 입지 않습니다. 외국 귀빈들이 왔을 때 그 어울리지도 않는 연미복이나 턱시도 같은 것 입지 말고 우리 두루마기를 입으면 얼마나 멋있을까 생각해 보는데 뭣 때문에 이렇게 간단한 것이 실현이 잘 안 되는지 모르겠습니다. 한복 전공하는 동료 교수들과 이야기해봤더니 수년 전에 한복학회 명의로 대통령에게 한복 좀 입고 다니라고 건의도 했답니다. 물론 응답은 감감 무소식이었다지요.

여담입니다마는 노무현 대통령이 당선되고 취임하기 전에 잠깐 한복을 입은 적이 있었습니다. 그래 하도 반가워서 젊은 사람이 대통령을 되니 확실히 다르구나 하는 생각을 했습니다. 그런데 나중에 알고 보니 허리 수술을 받아서 그것을 가리느라 한복을 입었다는 거예요. 그때 어찌나 허탈했던지 배신감마저 느껴지더군요. 그래서 우리 문화 토착화는 아직도 갈 길이 멀구나 하는 자조감 같은 게 들었습니다.

문화는 문화 교육부터 – 프랑스의 경우

조 회장도 내 말에 수긍하는 듯 고개를 끄덕거리며 다음 말을 이었다.

저는 그래서 결국 이런 모든 문제는 교육 문제로 귀결되지 않나 하는 생각을 해봅니다. 우리가 어떻게 해서든 학생들에게 우리의 전통문화가 어떠했고 지금은 어떻게 되어가고 있는지 가르쳐 주어야 한다는 것이지요. 그래야 그 아이들이 성장했을 때 우리 문화에 대한 수요를 형성하고 또 그런 생각을 지닌 지도자들도 나올 수 있는 것이 아닌가 하는 생각을 해봅니다.

이런 인식은 제가 그동안 공부하면서 겪었던 체험 속에서 터득한 것입니다. 내가 10여 년 전에 도자기 사업을 시작하기 전에는 정말로 이런 전통문화에 대해서는 문외한이라고 하지 않았습니까. 그런데 거의 독학을 했습니다마는 우리 문화 전반에 걸쳐 공부해 보니까 이젠 문화 이야기가 나와도 겁나지 않고 나름대로 자부심도 많이 생겼습니다. 이런 똑같은 과정을 어린 학생들에게 심어주었으면 하는 게 제 바람이지요. 그런데 이 교육은 근시안적으로 하면 안 됩니다. 원래는 100년, 200년을 바라보고 해야 합니다마는 그게 힘들면 적어도 20~30년은 바라보아야 합니다. 지금 가르치는 아이들이 성인이 되었을 때를 생각해서 가르치자는 것이지요.

조 회장의 이런 생각은 이미 프랑스에서 실현되고 있는 것이라 혹시나 하고 물어 보았다.

회장님 혹시 지금도 하고 있는지 잘 모르지만 프랑스의 교육부 장관인 자크 랑(Jack Lang)이라는 사람에 대해 들어 보셨습니까?

아니요. 금시초문인데요.

이 사람이 꼭 회장님이 말씀하시는 것과 똑같은 말을 했을 뿐만 아니라 그런 생각을 이미 실현에 옮겼다는 점에서 그들의 시도를 아주 높게 평가할 수 있겠습니다. 이 사람은 대통령의 오른팔로서 원래 문화부 장관직에 있었는데 자국 문화를 살리기 위해서는 학생들에게 어릴 때부터 문화 교육을 시켜야 한다는 신념 아래 교육부 장관으로 자리를 옮기게 됩니다. 그런 게 가능한 프랑스가 한없이 부럽기도 하고 대통령을 잘 두는 게 이렇게 중요하구나 하는 생각도 들고 그렇습니다. 그는 2000년에 '학교의 문화 · 예술 정책방향'이라는 제목으로 5개년 계획으로 추진되는 문화 · 예술 교육에 대한 정책을 발표합니다.

이 정책을 보면 관료의 것이라기보다는 매우 소신 있는 교육자의 철학처럼 들립니다. 그의 예술 교육 철학의 대강은 이러합니다. 사람에게는 감성적 지성과 이성적 지성이 있는데 예술이 관장하는 감성적 지성은 이성적 지성을 단순히 보충하는 수단이 아니라 — 지금까지는 예술을 과외 활동 정도로만 생각했지만 — 인간 존재의 전체성을 살리기 위한 동등한 수단이라는 것이지요. 그에 의하면 감수성의 발달은 다른 형태의 지성들에게 최고의 윤활유가 되어줍니다. 예를 들어 음악은 계산에, 연극은 책읽기에, 조형 예술은 지리학과 원근법에 도움을 줍니다. 이와 같이 예술은 다른 학문들을 더욱 생기 있고 풍요로우며 깊이 있게 만든다는 것이지요. 더 나아가서 예술을 실수(實修)하는 것은 학생들로 하여금 공동체 안에서 사는 방식을 배우게 해줍니다. 가령 합창이나 연극, 무용처럼 여럿이 하는 예술은 어린이에게 자신의 개성과 정체성을 깨우쳐주고 다른 사람들과는 창조적이고 건설적인 방법으로 어울릴 수 있도록 도와줄 수 있다는 것이지요.

랑 장관의 바람은 당차기까지 합니다. 자신은 아이들이 노래하고 시를 암송하며 새로운 시선으로 사물들을 쳐다보며 교문을 통과하기 바란다라고 술회하고 있는데, 이 바람 자체가 아주 시적이지 않습니까? 너무 참신하지요? 특히 새로운 시선으로 사물을 바라보게 만든다는 것은 삶의 품격을 한층 고양시키는 매우 문화적인 접근이라고 할 수 있겠습니다. 관리의 정책서에서 이런 높은 생각이 나온다는 것 자체도 놀랍기만 합니다. 이를 위해 학교에서는 다양한 시나 문학 작품을 접할 수 있도록 해야 하고 교실 내에서 작가나 시인, 배우들을 만나게 해주어야 한답니다. 랑 장관은 연극의 중요성을 유독 강조하는데 아비뇽 연극제의 창시자인 장 빌라르(Jean Vilar)의 말을 빌려 '연극은 물이나 전기와 같은 공공

시설이어야 한다'고까지 주장하더군요. 이 정도 되면 할 말을 잊습니다. 어린이들의 올바른 언어 습득을 위해 스스로 연극을 하게 하고 연극배우와 정기적으로 만나게 한다는 유의 교육관을 어떻게 관리가 생각할 수 있었는지 프랑스의 문화 수준을 다시 한 번 절감하게 됩니다.

그런데 이 정책이 2000년에 발효됐으니 벌써 5년이 지난 것인데 저런 교육을 받고 자란 프랑스 청소년들과 우리 청소년들 사이의 격차가 없을 수 없겠지요. 과연 우리 청소년들이 나중에 성인이 됐을 때 인생에서 느끼는 깊이 같은 것에서 저들을 당할 수가 있을까 하는 생각과 문화적 다양성 측면에서 우리가 저들과 경쟁할 수 있을까 하는 우려와 더 나아가서 자조감마저 듭니다.

그 사람들은 벌써부터 그런 일들을 많이 해왔습니다. 반면 우리는 아직 시작도 못하고 있습니다. 아니 문제의 화급함에 대해서 아직도 잘 모르는 것이지요. 그렇다고 저나 최 교수나 가만히 있을 수만은 없지 않겠습니까? 무언가 좀 자극적인 방책이 있어야 하지 않을까 생각해 봅니다.

자극적이란 말에 귀가 솔깃해졌다. 조 회장은 워낙 기발난 생각을 많이 하는 분이라 이번에도 무언가 새로운 이야기가 나올 것 같았다.

어떻게 하면 우리나라의 전통문화를
끌어올릴 수 있을까? – 그 획기적인 방책에 대해

〈투란도트〉와 〈명성왕후〉 그리고 〈심청전〉

최 교수, 나는 만일 몇 백억 정도 마음대로 쓸 수 있는 돈이 생기면 심청전 같은 우리 전통 극을 엄청난 규모로 무대에 올리고 싶어요.

네? 웬 뜬금없는 심청전입니까? 그릇 만들고 음식점 만드시더니 이젠 전통 극에까지 진출하시려 합니까? 대체 무슨 말씀입니까?

이번 이야기는 정말 의외였다.

요즈음 보면 <명성황후>, <투란도트> 같은 훌륭한 오페라를 몇 백억 씩 들여서 어마어마한 규모로 만들지 않습니까? 바로 그런 식으로 우리 전통 극을 만들고 싶다는 거지요. 왜냐구요? 제가 지금까지 계속해서 문화란 최고의 것을 만들어야 한다고 주장하지 않았습니까? 바로 그런 식으로 우리의 전통 판소리 창극을 만들고 싶다는 것이지요. 극 공연은 영향력이 큽니다. 생각해 보십시오. 심청전이든 흥부전이든 하게 되면 거기에는 전통과 관계되는 것이 많이 나옵니다. 아니 모든 것이 전통과 관계된 것이지요. 노래와 춤은 기본이니 말할 것도 없겠지요. 완전히 전통적인 발성법과 능청거리는 몸짓으로 가장 한국적인 춤이 펼쳐집니다.

그런가 하면 배우들이 옷을 안 입고 나올 수가 없지요. 그 옷들은 뭡니까. 우리의 전통 옷이겠지요? 거기에는 심 봉사가 입고 있는 서민적인 옷도 나오지만 심청이 왕후가 된 뒤에는 가장 화려하다고 할 수 있을 왕비의 옷이 등장합니다. 얼마 전 신문을 보니까 강남의 모 호텔에서 폐백용 신부 한복을 조선시대 공주 옷을 본떠 거금 3,500만 원을 들여 만들었다고 하더군요. 제 생각에 그런 시도가 사회 곳곳에서 자꾸 나와야 한다고 봅니다. 이와 같이 우리는 심청전 오페라를 통해 우리가 갖고 있던 최고의 복식 문화를 보여줄 수 있을 것입니다.

아직 끝나지 않았습니다. 배우들이 움직이는 배경에는 우리의 아름다운 전통 가옥이 있습니다. 서민들이 살던 초가집도 나오고 부자들이 사는 기와집도 나올 뿐만 아니라 궁궐도 나오게 됩니다. 그러면 관객들은 자연스럽게 우리 한옥이 얼마나 아름다운지 절감하게 됩니다. 물론 건축만 나오는 것이 아니라 집안의 인테리어, 정원(혹은 뒤뜰) 등 한국인들의 주거 환경이 한 무대에 다 올라가게 됩니다. 그런데 주거에는 음식이 빠질 수 없지요. 이야기 자체가 양반들과 평민들이 얽힌 이야기이니까 그들이 먹고 살던 음식이 다 나올 수밖에 없습니다. 나는 이런 상상을 해봅니다. 그 멋진 한옥에서 아름다운 옷을 입고 우아한 춤을 추며 힘 있는 소리를 하고 풍성한 우리 음식을 차려놓고 열연을 하는 배우들의 모습을 말입니다. 게다가 스토리는 얼마나 아름답습니까? 일본의 국민극이라고 할 수 있는 <충신장(忠臣藏)>처럼 누구를 죽이고 자신도 죽는 그런 게 아니라 상대방을 지극히 모시고 결국에 가서는 모두가 잘 되는 그런 인간 드라마 같은 이야기 아닙니까? 심청전이 그렇고 흥부전이나 춘향전 역시 그렇습니다.

우리가 이런 훌륭한 극에 돈을 아낌없이 투자하고 연출을 잘 한다면, 다시 말해 이 모든 우리 전통의 문화적 요소들이 높은 차원에서 환상적으로 조화가 될 수 있게 연출을 잘 한다면 우리 문화에서 최고의 모델을 만들어낼 수 있게 됩니다. 그러면 그것을 보는 사람들은 우리의 것도 저렇게 아름답고 훌륭할 수 있구나 하는 생각을 갖게 될 겁니다. 그

우리나라 오페라의 저력과 가능성을 보여준 〈명성황후〉

리고 자기도 모르게 그것을 따라하고 싶은 생각이 들 거라는 것이지요. 내 생각에 사람들은 일류가 아니면 따라하고 싶은 생각을 별로 하지 않습니다. 그런 면에서 보면 마당극 같은 것은 성공은 했지만 문화적 파급은 별로 없었던 것 같습니다. 그냥 재미삼아 많은 사람들이 마당극을 보긴 했지만 그 극에 나온 여러 문화 요소들을 자신의 생활 속에서 따라하지는 않습니다 내 생각에는 마당극이 최고의 일류가 아니었기 때문에 그런 일이 생겼다고 봅니다.

조 회장의 말은 거침이 없었다. 나는 한 대 크게 얻어맞은 것 같았다. 이론만 따지는 교수들과 이야기하는 것과는 차원이 달랐다. 강호에 이런 고수가 있었다니, 한동안 말을 잊고 있다가 나도 공감을 표시하면서 응수했다.

저도 회장님 말씀에 전적으로 동의할 수밖에 없습니다. 대형 오페라를 말씀하시니까 저도 할 말이 있습니다. 우리가 우리 소재로 오페라든 뮤지컬이든 대형으로 만들어서 외국에 선보인 것은 <명성왕후>가 처음이 아닌가 싶습니다. 자세한 것은 잘 알지 못하지만 꽤 호평도 있었다고 하는데 국악계에서는 조금 다른 이야기를 하더라구요. 중앙대 전인평 교수 같은 분들이 그런 말씀을 하셨는데, 그 논지는 왜 명성왕후에서 우리의 소리를 쓰지 않았냐는 거예요. 그러니까 명성황후에서 왜 우리의 전통적인 발성법인 판소리 창법을 쓰지 않고 이탈리아의 정통 발성법인 벨칸토 창법을 썼느냐는 것이지요. 이것은 앞으로 우리가 아무리 우리 주제로 뮤지컬이든 오페라든 대형 공연을 만들어도 우리 가수들은 결국 이탈리아에 가서 그들의 창법을 계속 배워 와야 한다는 문제를 갖고 있다는 것이죠.

이를테면 문화의 종속 현상이 끝나지 않는다는 것을 말하는 것으로 생각되는데 듣고 보면 참으로 일리가 있는 말씀이더군요. 종류가 조금은 다르지만 이웃 나라의 경우를 보면 중국의 경극이나 일본의 가부키 같은 전통 극에서는 모두 자기네들의 발성법을 쓰지 우리처럼 서양 것을 쓰지는 않지 않습니까? 그리고 그것을 그대로 가지고 외국에 나가서 공연하지 일본인들이 벨칸토 창법을 써서 일본 말로 자기들의 전통을 노래한다는 이야기를 들어 본 적이 없습니다. 우리도 그들처럼 우리 것을 그대로 가지고 나가 외국에 자신 있게 소개하는 일이 필요하리라는 생각이 듭니다.

도자기 이야기를 마무리하며

이제 도자기와 관계된 이야기는 끝을 내고 회장님과 함께 흥미진진한 음식 이야기를 할까 합니다. 그런데 끝내기 전에 한 가지 묻고 싶은 게 있습니다. 회장님께서는 문화란 가장 고급의 제품을 만들어야 전파력이 있는 거라고 계속 말씀하셨고 그걸 실천에 옮겨서 전통에 입각하면서도 현대적 감각이 있는 도자기를 만들어서 어느 정도 성공을 거두셨습니다. 그런데 일각에서는, 회장님께서 세운 한식당이 음식 가격이 너무 비싸고 그와 마찬가지로 광주요도 너무 그릇 가격이 비싸다는 비판이 계속 있어 왔습니다. 다시 말해서 광주요는 돈깨나 있는 사람들이나 쓰는 것이지 서민인 우리와는 관계없다는 식으로 이야기하는 것이지요. 다르게 표현하면 공연히 비싼 그릇 만들어서 계층 간에 위화감만 만들어내는 것 아니냐 하는 그런 비판이지요. 이런 견해에 대해서는 어떻게 생각하십니까?

그런 의견이 나오기를 기다렸다는 듯이 조 회장의 말은 거침이 없었다.

그런 이야기는 나도 잘 알고 있습니다. 그런데 그것은 내가 하는 일을 총체적으로 보지 못해 하는 말입니다. 저는 문화의 고급화만 시도하는 게 아니라 대중화에도 분명 목표를 두고 있습니다. 다만 우선권을 어디에 두느냐는 것이지요. 제가 누누이 말했듯이 문화란 밑에서부터 형성되어 올라가는 것보다는 위에서 세련된 문화가 형성되고 그것이 점차로 다른 계층의 취향에 맞추어 다양화되다가 밑으로 흘러내리는 게 가장 자연스럽습니다.

그래서 저는 한쪽으로는 앞으로도 계속해서 제 일을 고급화하는 시도를 해나갈 생각입니다. 그런 시도의 일환으로 이 그릇을 한번 소개해 보겠습니다. 이것은 계영배(戒盈盃)라는 것으로 말 그대로 술잔입니다. 그런데 술잔 치고는 너무 크지요? 게다가 밑은 주전자 같이 생겼지요? 이 술잔은 이전에 선비들이 술을 지나치게 마시는 것을 스스로 경계하기 위해 만든 잔입니다. 이 위에 있는 잔을 보십시오. 가운데 대롱 같은 게 있지요. 제가 원리를 자세하게 설명하지는 않겠습니다마는 이 술잔은 술이 7부 이상 차면 자동적으로 저 대롱을 타고 밑에 있는 주전자로 술이 내려가게 만든 잔입니다. 신기하지요? 왜 술이라는 게 그렇지 않습니까. 잔에 가득 가득 부어서 마시면 반드시 취하고 맙니다. 그러나 가득 붓지 않고 조금 못 미치게 부어서 마시면 크게 취하지는 않습니다. 저는 실전에서 많이 경험했기 때문에 이게 얼마나 훌륭한 통찰력인지 잘 압니다. 그런 사실을 알아차린 조상들이 만든 아주 지혜로운 술잔이 바로 이것입니다.

이 술잔은 저희 회사에서 개발해서 복원시킨 것입니다. 저는 이런 식으로 좀 비싸더라도 전통에 입각하되 현대에 맞춘 새로운 그릇을 계속해서 개발할 예정입니다. 이런 그릇을 만드니까 우리 소비자들도 좋아했지만 특히 외국인들의 반응이 좋았습니다. 외국인들에게 우리 문화의 우수성을 알릴 수 있는 좋은 선물이 되었다는 말을 나중에 많이 들었습니다. 우리 전통은 파도 파도 마르지 않는 그런 샘 같아요. 계영배 같은 극히 훌륭한 문화적 요소들은 우리가 현재 생각하는 것보다 훨씬 많고 지금도 그것들은 발굴되기만 기다리고 있을 것 같습니다. 그런 것들이 무궁무진하게 있을 텐데 그것을 못 찾아내는 우리의 시각이 문제라면 문제입니다.

그럼 내가 이런 고급 그릇만 만들었느냐, 그렇지 않습니다. 문화란 계속해서 밑으로 흐른다고 했습니다. 문화가 직접 흘러내릴 수도 있고 우리가 그런 흐름을 주도할 수도 있습니다. 그래서 저는 광주요에서 만든 그릇에 버금가는 정도의 세련된 디자인을 가졌지만 값이 훨씬 싼 그릇을 만드는 회사를 따로 설립했습니다. 그 회사에서 만드는 그릇은 가격 때문에 광주요에서처럼 문양을 손으로 직접 그려서 만들지는 않습니다. 대신 공장에서 대량생산하는 것처럼 해서 기계로 찍어내는 방법을 사용하고 있습니다. 그러나 가격이 싸다고 해서 그릇으로서의 품위가 없는 것은 아닙니다. 저는 이런 식으로 대중들의 그릇 문화도 새롭게 만들려고 하고 있습니다.

맞습니다. 아무리 대중들이 막 쓰는 그릇이라고 해도 거기에는 그것

한국 전통문화의
현대적 재현의 예
계영배

전통을 현대와 접목시키면서도
대중성을 잃지 않은 '아올다'

나름대로의 정취와 멋이 있어야 합니다. 적어도 우리 선조들은 그렇게 살았죠. 조선의 서민들이 쓰던 그릇들은 지금도 골동품으로 혹은 예술품으로 취급받고 있습니다. 그만큼 나름대로의 실용성과 미감을 갖고 있기 때문일 겁니다. 그래서 문화란 우열이 없다고 하는 것 아니겠습니까? 그런데 지금 우리의 식당에서 쓰는 그릇에서는 그런 멋을 느낄 수가 없습니다. 반면에 회장님 회사에서 만든 싼 그릇은 그런 천박하다거나 야한 느낌이 없었습니다. 어떤 건 옛날 우리 막사발 같은 투박함이 느껴져서 참 좋았습니다.

자 이제 그릇에 대한 우리의 이야기는 거의 끝나갑니다. 앞으로 상층은 상층대로, 기층은 기층대로 좋은 그릇 문화가 나오기를 바라면서 다음 주제로 넘어가기로 하겠습니다. 다음 주제는 말씀드린 것처럼 우리 음식에 관한 것입니다. 음식에 대해서는 저도 조금 공부를 해봐서 더 구미가 당깁니다.

이렇게 해서 우리의 첫 번째 만남과 대화는 끝이 났다. 다음 대화는 조 회장이 세운 음식점에 가서 직접 음식을 먹으면서 하자는 기약을 남기고 나는 그의 사무실을 나왔다. 그의 회사 건물을 빠져나오면서 나는 도대체 그 식당에서 팔고 있는 음식들이 어떤 것일까 하는 궁금증을 견디기가 힘들었다. 얼마나 대단하기에 조 회장이 저렇게 자신만만해 하는지 궁금했던 것이다. 게다가 그 음식들을 직접 먹으면서 대화할 생각을 하니 은근히 기대가 되었다. 새로운 음식을 먹는 일은 언제나 즐거운 일이기 때문이다.

한국 문화의 세계화를 생각하면서 의식주와 같은 우리나라의 대표적인 생활문화 가운데 어떤 것을 세계에 내놓을 수 있는가 하고 자문해 보았습니다. 이 가운데 우리가 입는 옷과 주거 형태는 이미 거의 서구화되어 버렸습니다. 그러나 음식은 민족마다 지역마다 제각각이고 그 특수성이 오히려 장점이 되고 경쟁력을 가질 수 있는 요인으로 작용합니다. 특히 한식은 세계적으로 굉장히 경쟁력이 있는 음식임이 틀림없습니다.

'가온', 한국의 음식문화를 세계화하기 위한 첫걸음

'가온', 한국의 음식문화를 세계화하기 위한 첫걸음

가온 식당을 돌아보며

조 회장과 약속을 한 날 부지런히 약도를 가지고 찾아가 보니 식당은 신사동에 있는 도산공원 옆에 있었다. 건물의 외장은 무엇으로 만들었는지 모르겠는데 전체적으로 조금 무거운 느낌이 들었다. 밖에서 보기에는 전혀 한식을 전문으로 하는 식당처럼 보이지 않았다. 문을 열고 들어가니 조 회장이 반갑게 맞이했다.

어서 오십시오, 최 교수님. 음식은 하시(何時)라도 준비되어 있습니다마는 음식을 먹기 전에 우선 식당을 한번 돌아볼까요? 지금 들어오면서 흘낏 보기만 해도 다른 식당과는 조금 다르지요? 다른 정도가 아니라 좀 유별날 겁니다. 지난 번 우리가 만났을 때 제가 계속해서 문화가 제대로 살려면 고급화해야 한다는 그 말 기억하시겠죠? 그런 차원에서 저는 이 식당에도 그런 고급화 정책을 적용시켜 보았습니다.

그런 이야기를 듣지 않아도 식당에 들어오자마자 그런 분위기를 느낄 수 있었다. 그런데 내부를 보기 전에 외벽에 대한 궁금증부터 풀고

가온의 외부 전경
외관으로는 한식당이란 느낌이 전혀 들지 않는다.

내부 전경
일상의 축적이라는 의미로 신문지를
쌓아 올렸다.

싫었다.

회장님, 내부를 보기 전에 건물의 외장에 대해서부터 말씀 좀 해주시
죠. 쇠 같은 것으로 단순하게 처리되어 있어 영 한식당 분위기가 안 나
네요. 어떤 생각으로 저렇게 만드신 건가요?

아 그래요? 그래도 저 외장은 한국 전통 가옥의 싸리문 담장을 현
대식으로 재현해서 만든 겁니다. 더 구체적으로 설명하면 햇살과 조명
이 투명하게 들어오게 해 반개방형으로 만든 것입니다마는…….

그렇군요. 듣고 보니 그런 것 같지 그냥 봐서는 잘 모르겠습니다. 밖은
그렇다 치고 1층에서는 주방을 다 보이게 처리하셨네요. 여기에도 어떤
의도가 있겠지요? 또 현관을 열고 들어오자마자 주방이 있는 것도 독특
합니다.

예, 저는 뭐든지 깨끗하고 개방적인 것을 좋아합니다. 다른 음식점들을 가보면 주방이 폐쇄적으로 되어 있어 그 안에서 무슨 일이 어떻게 일어나는지 모르는 경우가 많습니다. 특히 손님들은 식당의 주방에서 정말로 위생적으로 음식을 만드는지 안 만드는지에 대해 의구심을 많이 갖고 있는데, 저는 이렇게 주방을 개방적으로 만듦으로써 그 의구심을 없애려 했던 것입니다.

조 회장의 의도는 충분히 알겠지만 나는 주방에서 요리사들이 떠드는 소리가 들려 조금 시끄러운 감이 들었다. 또 어떤 사람은 밥 먹으러 가서 굳이 밥 만드는 것까지 볼 필요가 있겠느냐는 이야기가 나올 수도 있을 것 같았다. 벽면에는 각종 과실주와 시가, 커피 빈을 모아서 장식해 놓았는데, 조 회장 이야기는 한식과 현대 서양식이 공존하는 바(bar)를 만들려는 의도로 이런 실내장식을 했다고 했다.

1층은 그런대로 이해할 수 있었는데 2층은 심상치가 않았다. 우선 올라가는 계단 벽면을 보니 형형색색의 아크릴 같은 것으로 장식되어 있어 좀 튄다는 느낌이 들었다. 바깥벽은 은색인데다가 내장은 총천연색으로 되어 있으니 좀 이상한 느낌이 드는 것은 어쩔 수가 없었다. 2층 벽면은 더 가관이었다. 신문지를 쌓아놓고 그 가운데에는 꽃병이나 술병을 놓았기 때문이었다. 설명을 듣지 않으면 도저히 이해할 수가 없었다.

회장님, 이 내장들은 너무 현란해서 도저히 뭐가 뭔지 모르겠네요. 실내장식이라기보다는 현대 예술가의 작품 같은 느낌이 강합니다.

아마 그렇게 느껴질 겁니다. 이 장식들이 갖고 있는 상징성이 굉장히 강하기 때문입니다. 우선 계단 벽면에 있는 것은 색동저고리의 배색과 무늬를 현대적 소재인 아크릴을 가지고 만들어 본 것입니다. 또 이층 벽면을 신문지로 쌓아 장식한 것은 일상이 쌓여 이루어지는 사건과 자연의 축척을 상징한 것이지요. 이 장식을 통해 나는 변화하는 모던한 한국의 현재 모습을 나타내려고 한 것이랍니다.

조 회장의 말을 듣고 보면 그럴 듯한데 너무 추상성이 강해 여전히 이해하기는 힘들었다. 그러나 그중에서도 벽면에 있는 계영배와 주전자는 배경과 아주 잘 어울렸다. 그릇을 백자로 만들었기 때문에 뒤의 색동색과 잘 어울렸던 것이다.

내부전경
오색의 벽은 색동저고리에서 색을 따왔다. 앞에 있는 백자 그릇과 잘 어울린다.

그런 말과 함께 조 회장은 나를 지하층에 있는 방으로 인도했다. 자리에 앉자마자 나는 식당의 이름인 '가온'이 도대체 무엇을 뜻하는지 궁금해서 그 뜻부터 물었다. 조 회장은 기다렸다는 듯이 대답했다.

가온은 가운데의 옛말인 '가온대'에서 따온 순수한 우리말입니다. '정직하고 올바른 자세로 세계의 중심에 서겠다'는 의지를 다지는 그런 이름입니다. 그러니까 한국 식당의 중심이 되겠다는 것이지요.

아주 좋은 의미이군요. 그럼 이제부터 이 식당을 차리기까지의 과정에 대해 같이 이야기해 볼까요? 앞에서 도자기를 말할 때에 이미 나온 부분도 있겠습니다마는 다시 한 번 소상하게 말씀해 주시죠.

한식(韓食), 한국 문화 국제화의 첨병

이전에 한 번 말씀드렸습니다마는 우리 회사가 만드는 도자기를 실용화하겠다고 식탁전을 시작하지 않았습니까? 그런데 아무리 상을 번드르하게 차려 놓아봐야 정작 가장 중요한 맛있는 음식과 그 음식을 먹는 즐거움을 찾아볼 수가 없었습니다. 제일 중요한 게 빠진 거예요. 그래서 음식을 직접 만들고 그 음식을 우리 그릇에 담아 소비자의 평가를 받아봐야겠다는 생각이 든 겁니다. 그게 2001년도 봄의 일이었습니다. 엉뚱한 생각일는지 모르지만 한마디로 식당을 만들어 보겠다는 것이었죠.

그리고 그 식당에서는 가장 고급 차원의 음식을 만들어 보겠다 그 겁니다. 그 이유에 대해서는 앞에서도 언급했지요. 제가 우리 식당의 개업을 위해 골똘히 생각해 본 결과 문화에 대한 확실한 이해가 전제되지 않으면 안 되겠다는 생각이 강하게 들었습니다. 도대체 문화가 무엇인지 확실히 알아야 그것에 맞추어서 식당을 제대로 열 수 있겠다는 생각이죠. 그래서 저는 음식문화를 중심으로 세계의 문화를 죽 훑어보았죠.

그런데 대부분의 나라가 자랑하는 문화는 대개가 귀족, 즉 상류층의 문화를 의미한다는 것을 알게 되었습니다. 그리고 서민과 대중들은 신분 상승을 꿈꾸면서 상류층 문화를 동경과 모방의 대상으로 생각하게 됩니다. 특히 음식문화가 그렇더라고요. 우리가 요즘 즐겨 찾는 중국이나 프랑스, 이탈리아, 일본의 음식들은 대부분 그 나라의 왕실이나 귀족들이 애용하던 것입니다. 이런 생각이 있었기 때문에 저는 우선 한국의 특수층을 대상으로 공략하기로 마음을 먹었습니다. 일단 우리나라의 특수층에게서 호응을 얻으면 외국에도 자신 있게 소개할 수 있다고 생각한 것이지요.

그리고 제가 항상 화두처럼 생각하는 한국 문화의 세계화도 식당을 통해서 가능할 것이라고 생각했습니다. 즉, 외국인들에게 우리 문화를 총체적으로 보여주려면 한식당이 최고라는 데까지 생각이 미친 거지요. 식당 안에는 문화의 다양한 요소들이 존재하지 않습니까? 음식이야 주인공이니 말할 것도 없고 도자기나 음악, 실내장식, 시중드는 모습 등 식당에서는 정말로 많은 요소들을 찾아볼 수 있습니다. 그래서 저는 이런 것들을 총망라해서 전통과 현대의 멋과 맛을 조화롭게 살린 고급문화의 무대이자 친교의 장으로써 식당을 시작한 것입니다. 그렇게 하길 2년 6개월, 준비하는 데 시간이 적지 않게 들었죠. 아마 식당 하나 여는데 이렇게 오랫동안 준비하는 경우도 흔치 않을 겁니다. 2003년 11월, 드디어 이 식당의 문이 열렸습니다.

조 회장의 눈빛은 몇 년 전으로 돌아가는 듯 감연해 보였다. 나는 더 자세하게 듣고 싶었다.

회장님, 다 동의되는 내용인데요. 한국 문화의 세계화를 말씀하시면서 굳이 음식을 전면에 내세우신 데에는 또 다른 특별한 까닭이 있을 것 같은데요?

좋은 질문입니다. 저는 한국 문화의 세계화를 생각하면서 의식주와 같은 우리나라의 대표적인 생활문화 가운데 어떤 것을 세계에 내놓을 수 있는가 하고 자문(自問)해 보았습니다. 그런데 이 가운데 우리가 입는 옷과 주거 형태는 거의 서구화되어 버린 것을 알 수 있었습니다. 이는 비단 우리나라에만 해당되는 것이 아닙니다. 모두가 인정하는 것처럼 전 세계는 지금 의복과 주거에서 대체로 서구화의 길을 가고 있습니다. 아무래도 신속하게 변하는 오늘날의 세계에는 기능성과 편리성을 중시하는 서구식 복장이 잘 어울리기 마련입니다. 또 현대 도시 사회에는 서구의 고층 건물이 잘 어울리고, 그에 따라서 그 안에서 생활하는 사람들도 모두 서구식으로 살 수밖에 없습니다.

그러나 음식은 좀 다릅니다. 음식은 민족마다 지역마다 제각각이라 어느 특정한 한 음식이 세계를 제패하기는 어렵습니다. 물론 우리 주변을 보면 미국식 패스트푸드 식당이 과거와는 비교도 안 되게 늘어나 있는 것을 알 수 있습니다. 그리고 이탈리아나 중국, 일본식은 말할 것도 없고 요즈음 와서는 베트남식이나 태국식, 인도식 등 그야말로 다양한 음식을 우리 주변에서 찾아볼 수 있습니다. 여기서 잊지 말아야 할 것은 이 음식들이 모두 공존하고 있을 뿐 어느 하나가 전체를 지배하는 구도로 가지는 않는다는 것입니다. 그렇죠? 우리 주변을 잠깐 훑어 보아도 그런 사정을 잘 알 수 있겠지요? 뿐만 아니라 우리 사회가 이렇게 서구화 혹은 미국화가 되었지만 우리 가정의 식탁은 여전히 한식이 주류를 이루고 있다는 사실을 간과해서는 안 됩니다. 이런 맥락에서 볼 때 음식은 옷이나 주거지와 달리 그 특수성이 오히려 장점이 되고 경쟁력을 가질 수 있는 요인으로 작용한다는 것을 알 수 있습니다.

정확한 지적이라고 생각합니다. 미각은 아무래도 굉장히 보수적인가 봅니다. 어릴 때 길들여지면 어른이 되어서 바꾸기가 대단히 힘들다고 많이들 이야기합니다. 여담입니다마는 국제결혼이 인생 말년에 실패로 끝나는 경우가 종종 있다고 하는데, 그게 음식 때문이라는 재미있는 보고가 있습니다. 늙게 되면 더욱더 어렸을 때에 먹었던 음식들이 먹고 싶어진다는 거예요. 그런데 배우자는 외국인이니 그 음식을 만들어줄 수는 없는 일이고. 그래서 그것을 기화로 그동안 쌓였던 문제가 터지고 그러다 이혼까지 간다고 하더라고요.

조 회장이 곧 대꾸했다.

그거 재미있는 이야기네요. 어쨌든 그동안 제가 공부해 보니 세계 음식 가운데 한식은 굉장히 경쟁력이 있는 음식임에 틀림없습니다. 따라서 우리들 사이에서 외국 음식과 한식이 공존할 수 있듯이 우리 한식도 외국에 나가 그쪽 음식과 충분히 공존할 수 있습니다. 지금 음식비평가들 사이에서는 한국 음식이 유력한 국가의 음식 가운데 가장 알려지지 않은 음식이라고들 종종 말해집니다. 외국의 어떤 음식비평가는 한국 음식을 접하고 '이렇게 훌륭한 음식이 왜 이렇게 세계에 알려지지 않았는지 그게 외려 불가사의하다'고 말했다고 합니다. 한식이 도대체 어떤 면에서 국제적인 경쟁력이 있는지에 대해서는 조금 뒤에 본격적으로 이야기하겠습니다마는, 분명 한식은 조금만 가공하면 전 세계적으로 각광을 받을 수 있는 음식이라고 생각합니다.

나는 다시 물었다.

좋습니다. 저도 그와 비슷한 내용의 이야기를 종종 하고 다닙니다. 그런데 한식의 우수성을 보기 전에 먼저 회장님이 식당을 만들었던 과정이 궁금합니다. 그때 어떤 일부터 시작하셨나요? 흥미진진한 이야기가 많이 숨어있을 것 같아요.

새로운 개념의 한식을 만들다

한식에 대한 근본적인 문제 제기

이 식당처럼 완전히 새로운 개념의 한국 음식점을 만드는 일은 결코 쉽지 않았습니다. 처음에 부딪혔던 문제는 말할 것도 없이 주방장을 고르는 일이었습니다. 식당의 주인공은 뭐니 뭐니 해도 주방장 아니겠습니까? 물론 제가 한식을 시작하는 거니까 우선 한식 주방장을 찾았습니다. 그런데 의아하게도 한식을 하는 사람들은 제가 하는 시도에 대해 별 관심을 보이지 않았습니다. 기왕의 한식을 이렇게 저렇게 변형시켜보자고 하면 그들은 한결같이 '그건 한식이 아니다' 라는 반응을 보였습니다. 그리고 자기 고유의 음식 만드는 스타일을 바꾸려고 하지 않았습니다. 자기 것과 다른 것은 싫다는 것이지요. 그런데 그래 가지고 무슨 새로운 음식을 만들겠어요? 이렇게 한식 주방장들은 선입견이 너무 강해 같이 일하는 게 힘들었습니다.

그런 일이 있었군요. 저도 비슷한 경험이 있습니다. 국사나 국문학 같은─국사니 국문학이니 하는 용어도 바꾸어야 하지만-소위─국학을 한다는 교수들을 만나보면 답답할 때가 많습니다. 자기 이론만 맞고 다른 사람들 것은 다 틀리다고 하니 말입니다. 이유가 무엇인지 모르겠어요.

글쎄요. 너무 우리 것만 집착하다 우물 안의 개구리가 된 것은 아닌지 모르겠군요. 어떻든 그러다 지금 우리 식당에서 주방장을 하고 있는 윤정진 씨를 만났습니다. 이 사람은 음식 전문 케이블 TV에서 퓨전 요리 프로그램을 진행하고 있었는데, 굳이 성향을 따지면 한식보다는 양식 쪽에 가깝다고 할 수 있습니다. 제가 그를 택한 것은 퓨전 음식을 하다보니 아이디어가 풍부했을 뿐만 아니라 무엇보다 좋았던 것은 한식에 대한 편견과 선입견이 없어 내가 갖고 있던 생각이나 비전을 구체화시킬 수 있었기 때문입니다. 그가 한식에 대해 잘 모르고 있는 것은 같이 음식을 개발하면서 배워나가면 되지만 한식에 대해 편견을 갖고 있으면 그건 고치기 힘듭니다. 그런 점에서 그는 우리 식당에 적임자였죠.

좋은 음식은 기본기부터 튼튼해야

그 다음으로 했던 일은 그를 전문적으로 훈련시키는 일이었습니다. 이를 위해 저는 그에게 전국 어디든 유명한 한식 요리사가 있으면 찾아가서 배우라고 했습니다. 또 함께 다니기도 많이 했습니다. 그렇게 해서 한국의 다양한 음식을 맛보게 하고 그것들을 어떻게 하면 세계화시킬 수 있을지 생각해 보라고 계속 종용을 했습니다. 또 그렇게 다니면서 우리 음식의 기본 맛을 좌우하는, 다시 말해 우리 음식에서 가장 중요한 것이라 할 수 있는 소금, 콩, 고추 가운데 제일 좋은 것을 찾아보라고 시켰습니다. 음식을 만드는 데에 좋은 재료를 써야 하는 것은 상식에 속하는데, 그 가운데에서도 가장 기본이 되는 이 세 가지 재료만큼은 우리나라 최고의 것을 써야 한다고 생각했기 때문입니다.

그렇게 주방장을 전국으로 보내는 한편 저는 우리 회사에다가 아예 조리시설을 갖추고 계속하여 그와 함께 새로운 메뉴 개발에 진력을 했습니다. 그리고 새로 개발한 음식을 가지고 주위에 있는 분 가운데 문화적 식견이 높은 분들을 정기적으로 우리 회사로 초치해 대접하면서 그 분들의 고견을 경청했습니다. 이렇게 하면서 한 2년을 보냈는데 지금이야 이렇게 말을 편안하게 하지만 실제로는 어려움도 많았습니다. 무슨 어려움이냐고요? 우선 제가 새로운 개념의 한식당을 한다고 하니까 주변 사람들이 의아하게 생각했습니다. 국제무역하다 도자기 판에 뛰어들더니 그 사업도 크게 성공한 게 아닌데 웬 음식점을 개발하겠다고 하느냐는 시선이었죠.

그러나 남의 시선을 극복하는 일은 아주 힘든 일은 아니었습니다. 반면에 정작 힘들었던 것은 앞에서 총대를 멘 윤정진 씨 자신이 회의와 좌절에 빠지는 것이었습니다. 사실 그의 이러한 반응도 충분히 이해가 됩니다. 음식이라는 게 원래 얼마나 까다로운 것입니까. 왜냐구요? 음식은 지역마다 조리법이 다르고 맛도 다릅니다. 또 먹는 사람의 기호와 취향에 따라 음식에 대한 평가 역시 전부 다르지 않겠습니까? 그러니 한국인 모두의 입맛에 맞을 뿐만 아니라 전 세계인들의 입맛에도 맞는 음식을 개발한다는 게 어디 쉬운 일이겠습니까? 오히려 거의 불가능에 가깝다고 봐야겠죠.

그래서 저는 그에게 그랬어요. 어려운 건 내가 더 잘 안다. 그러나 그럴수록 오히려 단순하게 가자. '그저 내 입에 맞추자. 그리고 우리 가족이 맛있어 하는 음식을 만들자' 라고만 생각하자. 거기에 답이 있다고 말입니다. 맛의 세계란 지극히 주관적인 것임에 틀림없지만 그럼에도 불구하고 분명 보편적인 게 있을 게다. 그걸 우리가 찾아내야 하는데 그때 그 기준을 다른 것이 아닌 내 입맛 혹은 우리 가족의 입맛에 두자고 한 것입니다. 우리가 정말로 맛있어 하면 남들도 맛있어 할 거라는 것이지요.

우리 주방장을 그렇게 설득하면서 한쪽에서는 옛 음식들을 옛 방식으로 직접 만들어 보는 시도도 해 보았습니다. 가령 정월에는 유기농 콩으로 메주를 쒀 장을 담고 겨울엔 눈이 쌓인 밭에서 무쇠 솥을 걸고 고추장도 끓여보았습니다. 적절한 계절에 최고의 재료를 가지고 옛 방식대로 해 본 거죠. 그러는 사이 광주요에서 일하는 우리 디자이너들은 끊임없이 이 새로운 요리에 맞는 그릇을 만들기 위해 쉴 새 없이 물레를 돌렸습니다.

바야흐로 조 회장의 이야기는 점입가경이었다. 그러면서 그는 그간의 고충에 대해서는 말을 아끼는 것 같았다. 아마 너무 많은 일을 겪었기 때문이 아닌가 싶었다.

새로운 음식을 개발하는 게 얼마나 힘든지 조금은 알 것 같습니다. 그런데 음식을 내 입맛에 맞추고 내 가족의 입맛에 맞추라는 말은 아주 평범한 말이지만 그 이상의 진리도 없을 것 같습니다. 사실 다른 방법도 없지 않습니까? 다른 사람 입맛이야 경험할 수가 없으니 어쩌겠습니까? 일전에 누가 그러더군요. 음식점으로 성공하는 것은 어찌 보면 아주 간단하다. 그저 우리 가족이 먹는다고 생각하고 정성을 다해 음식을 만들면 손님들이 알아차리고 계속 찾는다는 거였죠. 일리 있는 이야기가 아닐 수 없습니다.

자세한 메뉴에 대해서는 조금 뒤에 음식을 직접 먹으면서 설명을 들으면 좋겠습니다. 그런데 회장님과 함께 이 식당을 죽 둘러보니 언뜻 드는 느낌이 이 식당의 주 고객은 한국인이 아닐 거라는 생각이 듭니다마는……

좋은 음식은 그만한 대우를 받아야

잘 보셨습니다. 앞에서도 말한 것처럼 이 식당은 당초부터 해외 진출을 염두에 두고 준비를 했기 때문에 '외국인이 즐겨 찾는 최고의 한식과 서비스'가 그 목표였습니다. 그래서 당연히 주 고객은 외국인으로 잡았죠. 그리고 쉬운 일은 아니지만 수익 창출을 위해 현실과 타협하지 않겠다는 다짐도 했습니다. 이 일은 매우 새로운 일이라 단기간 내에 이익을 내기가 쉽지 않을 것이기 때문에 이런 다짐이 필요했습니다. 이익을 못 낸다고 섣불리 타협을 했다간 죽도 밥도 안 된다는 생각이 들었죠.

그 다음에 제가 외국인을 주 고객으로 삼은 또 하나의 이유는 외국인들은 한식에 대한 편견이 없기 때문입니다. 따라서 저는 그들로 하여금 우리가 만든 여러 음식을 먹게 해보고 그들의 반응을 추출해내는 일이 쉬울 것으로 생각했습니다. 그런 과정을 거쳐 그들이 좋아하는 음식이 만들어지면 그게 바로 외국인들에게 한식을 대표할 수 있는 스타 음식이 될 거라는 생각이 들었습니다. 그리고 또 앞으로 세계무대에서 그렇게 선정된 음식을 우리가 진출하려고 하는 나라의 문화에 맞게 더 세련되게 만들면 충분히 승산이 있을 것으로 생각했습니다.

그래서 이 식당은 특히 외국인 미식가의 눈높이에 맞춰서 실내장식이나 상차림도 세련되게 만들려고 노력했습니다. 그릇은 저희 회사인 광주요에서 만든 최고급 그릇을 사용했고 코스식 요리와 서빙하는 방법도 '가온식' 이라고 명명한 우리만의 방식을 따랐습니다. 저는 한국인들이 우리나라를 방문하거나 한국에 거주하고 있는 외국인 VIP를 접대하고 싶을 때 반드시 찾아와야 하는 그런 식당을 만들고 싶었습니다.

그렇게 이름이 나려면 제 생각에 한 3년은 걸릴 거라고 예측했는데, 식당 문을 연 지 1년이 조금 지난 지금 벌써 외국인들로부터 적지 않은 호응이 있었습니다. 또 저희 식당을 찾은 외국인 가운데에는 이 정도 음식이라면 해외에서도 경쟁력이 있다고 말하는 분도 있었습니다. 그런가 하면 일본의 유력 여성 잡지인 ≪가정화보(家庭畵報)≫ 2004년 12월호에 저희 식당이 특집으로 실린 적이 있었는데, 그 뒤로는 일본인들의 발걸음도 잦아졌습니다. 한국에서는 한국 미식가 그룹이 뽑은 한국 10대 음식점에 선정되기도 했구요.

조 회장의 가온 칭송은 끝이 날 줄을 몰랐다. 조금 진정시킬 필요가 있을 것 같아 대화의 방향을 틀었다.

물론 그렇게 좋은 이야기만 있었던 것은 아니지 않나요? 분명 비판도 있었을 것 같은데요.

당연하죠. 최 교수님도 언급한 것이지만 우리 식당이 너무 비싸다 혹은 메뉴가 전통 한식과 다르다와 같은 비판이 있었죠. 그런데 이런 평가는 모두 한국인들에게서 나온 것이고 외국인들에게서는 이런 이야기를 들은 적이 없습니다. 한 번은 우리 주방장이 말하길 '어떤 손님이 이 식당의 김치찌개는 다른 식당 것과 맛이 비슷한데 값은 왜 그리 비싸냐고 묻기에 대답을 하려 했는데 정확한 답을 찾을 수 없었다' 면서 곤혹

스런 표정을 짓더라구요. 그래 제가 그랬어요. '그 손님한테 파리의 고급 호텔인 조지 생크나 뉴욕의 포시즌 호텔에서 나온 계란 프라이와 우리 주위에 널려 있는 일반 식당의 계란 프라이하고 어떤 차이가 있는지 아느냐고 반문해 보지 그랬는가' 라고 힐난했지요.

물론 이 두 군데의 프라이는 겉모습만 보면 비슷하게 보일지 모릅니다. 그러나 이 두 식당의 계란 프라이는 어떤 달걀을 쓰는지 또 어떻게 보관하는지부터 해서 조리법이나 조리기구 등이 천차만별이라는 거지요. 또 프라이는 굽는 음식이니까 어떤 기름을 사용해서 굽는가도 중요하겠구요. 그 다음에는 어떤 그릇을 쓰고 어떤 포크나 칼을 쓰는지, 또 어떤 실내장식이 된 공간에서 어떤 음악을 들으면서 먹는지 등등 이와 같은 요소들이 다르고 같음에 따라 계란 프라이 가격이 천차만별일 수 있다는 거지요. 그래서 제가 그랬어요. 자신감을 가져라. 우리 식당이야말로 최고급 재료로 만든 음식을 최고급 그릇에 담아 최고급의 서비스를 받으면서 최상의 분위기에서 먹을 수 있는 최적의 장소라는 자신감을 가지라는 것이었지요.

저희 식당의 음식 값이 조금 비싼 건 사실입니다마는 중국이나 일본, 프랑스, 이탈리아의 고급 식당과 비교해 보면 반드시 비싼 것만은 아닙니다. 일본에 갔다 온 분들 가운데 동경의 최고급 음식점인 '깃조

[吉兆]'에서 식사를 해보았다고 자랑하는 분들이 종종 있습니다. 그런데 거기 요리 가격이 얼마인지 아세요? 자그마치 1인당 10만 엔입니다. 그러니까 한국 돈으로는 약 100만 원이 되는 거지요. 이 식당은 음식도 음식이지만 신분이나 지위를 넘어서 그 이상의 어떤 품격을 주기 때문에 이렇게 비싸도 사람들이 오는 겁니다.

그렇게 비싼 식당 이야기는 처음 들어 봤습니다. 그런 비싼 음식 혹은 식당이 일본에만 있지는 않을 텐데요, 또 그런 예가 있으면 더 들어주시죠. 재미있네요.

음식 이야기야 한이 없지요. 한 번은 제가 미국에 갔을 때 뉴욕의 한 식당에서 1,000달러짜리 아침식사를 판다는 신문 기사를 본 적이 있습니다. 신기해서 메뉴를 보니 달걀 오믈렛 위에 캐비아(철갑상어알)를 덮어서 만든 거예요. 캐비아가 조금 비싼 재료이긴 하지만 그래도 1,000달러까지 되지는 않지요. 그보다는 식당의 브랜드와 분위기 혹은 조리법이 고급이라 가격이 이렇게 세졌을 겁니다.

물론 재료가 비싸서 음식 값이 비싸지는 경우도 있지요. 예를 들어

화려한 식당 내부 전경(2층)

서 고급 이탈리아 식당이나 프랑스 식당에 가면 서양 송로(truffle)라는 버섯으로 만든 요리가 있습니다. 이 음식은 가격이 굉장히 비싼데, 이 버섯이 깊은 땅속에서만 자라기 때문에 사람은 캘 수가 없고 산돼지 같은 동물들에게 냄새를 맡게 해 캐오기 때문입니다. 또 중국 식당서 맛볼 수 있는 곰발바닥이나 제비집 수프, 샥스핀도 다 재료의 희귀성 때문에 비싸진 음식입니다. 그런 비싼 요리의 행렬은 끝이 없습니다. 일본의 어떤 복요리는 1인당 5만 엔(약 50만 원)이고 프랑스의 어떤 포도주는 5,000달러나 됩니다.

그런 비싸고 희귀한 음식의 행렬은 한이 없겠습니다. 그런데 제가 묻고 싶은 것은 이런 여러 음식들의 연원에 대해서입니다. 이 음식들은 원래 귀족 문화와 같은 고급문화에서 파생된 것 아닌가요?

이 이야기는 계속 나왔던 것이지만 음식의 세계화와 연관해서 다시한 번 조 회장의 확인을 받고 싶었다.

맞습니다. 현재 세계화된 음식들을 보면 그 종류가 많은 것 같은데 꼼꼼히 따져보면 꼭 그런 것만도 아닙니다. 보세요. 지금 세계화된 음식을 꼽아보면 프랑스, 이탈리아, 중국, 일본 음식 정도입니다. 그런데 이 음식들은 대부분 최고급 문화에서 나온 것들입니다. 이 가운데에서 이탈리아 요리는 '서양 요리의 어머니'라고 할 정도로 근대 서양 요리의 지평을 열었습니다. 또 그런 이탈리아의 고급 요리들이 계속 대중화되어 피자나 스파게티 같은, 전 세계인이 즐기는 대중 음식이 나오게 됩니다. 이탈리아 요리의 고급스럽고 창조적인 조리법은 특히 프랑스 요리에 많은 영향을 끼치게 됩니다.

프랑스 요리는 이탈리아에 이어 유럽의 음식문화를 주도하게 되는데, 특히 루이 14, 15세 시대 때 많은 발전을 하게 됩니다. 그런데 그렇게 발전하게 된 동력이 어디에 있는지 아십니까? 바로 귀족들이 연일 즐기던 파티에 있었습니다. 파티란 게 뭡니까? 파티에서 가장 중요한 것은 호사스럽고 세련된 음식과 술 아니겠습니까? 이렇게 해서 나오게 된 게 프랑스 요리 하면 떠오르는 프와그라(거위간)나 달팽이 요리 같은 것입니다.

중국 요리는 제가 말 안 해도 아시겠죠? 중국 요리는 그 재료와 맛, 조리법의 다양함과 기발함에서 타의 추종을 불허합니다. 다리 달린 것은 의자만 빼고 다 먹는다든지 비행기와 탱크, 잠수함만 빼고 모든 것을 요리한다는 곳이 중국이니 말입니다. 또 워낙 나라가 넓으니까 지역에 따라 아주 다른 음식문화가 있고 또 다양한 술이나 차가 있습니다. 그래서 다양하다는 점에서 중국을 따라갈 수 없다고 하는 것인데, 중국의 음식문화도 황실에서 비롯되었다는 것은 다른 나라의 경우와 마찬가지입니다. 일본 음식은 이미 많은 것을 이야기했기 때문에 여기서는 생략하겠습니다. 이상에서 보면 세계적인 요리들은 모두 고급스럽고 비싼 요리라는 이미지가 있습니다. 맛은 물론이고 화려한 치장과 분위기, 요리와 그릇의 조화, 상차림의 시각적 효과 등 음식 말고 부대적인 것이 많이 포함됩니다. 우리 식당은 바로 이런 것을 목표로 해서 만들어진 것입니다.

그러니까 우리가 식당에서 밥을 먹는 행위는 단순히 영양을 보충하는 행위가 아니라 문화를 함께 먹는 거라고 할 수 있겠습니다. 하기야 음식을 먹는 것처럼 문화적인 행위가 어디 있겠습니까? 저는 회장님이 이런 생각을 바탕으로 우리 음식을 어떻게 세계화하는 방향으로 나가셨는지 여간 궁금한 게 아닙니다. 이제 서서히 본론으로 들어가는 느낌입니다. 이렇게 이야기하다 보면 자연스럽게 회장님이 이 식당을 열면서 만들어 낸 음식 이야기가 나오게 될 것 같습니다.

한국 음식의 정체성과 세계화

나의 질문에 조 회장은 자세를 바꾸면서 본격적인 이야기를 할 채비를 차렸다.

한국 음식 가운데에는 이미 어느 정도 세계화된 음식이 몇몇 있습니다. 불고기와 갈비, 김치, 비빔밥 정도가 그 반열에 속하겠지요. 그러나 이 정도 가지고서는 한식이 세계화됐다고 볼 수 없습니다. 한국 음식이 세계화됐다고 말할 수 있으려면 외국인들이 '한국 음식'을 생각할 때 공통적으로 떠오르는 맛과 상징적인 이미지가 있어야 합니다. 다시 말해 한식의 정체성이 확고하게 정립되어야 한다는 것이지요. 그렇지 않으면 외국인들이 한식을 먹겠다는 것은 일종의 모험이 될 수도 있습니다. 그들의 뇌리에 아무 이미지가 떠오르지 않으니 무엇을 어떻게 먹어야 할지 아무 생각이 나지 않을 겁니다. 이것은 마치 우리가 아프리카의 어느 오지에 갔을 때 그곳의 음식에 대한 정보가 전혀 없어 현지 음식 먹기를 주저하는 것과 비슷한 것 아닌가 싶습니다.

사실 음식의 정체성 확립과 같은 문제는 저 같은 기업인, 다시 말해 수익을 무시할 수 없는 기업인이 하기에는 너무나 벅찬 일입니다. 제 생각에 이 일은 정부가 정책적으로 뒷받침하고 그 후원 아래 전문가들이 연구하는 식의 입체적인 접근이 필요합니다. 그런데 유감스럽게도 지금 우리 정부가 하는 일을 보면 정부 차원에서 한식의 세계화 문제를 놓고 정책 과제로 만들려는 의지나 관심이 별로 보이지 않습니다. 정부는 이런 주제가 공공정책으로 추진되는 게 바람직하지 않다고 생각하는 건지, 제가 보기에는 의지가 박약하게만 보입니다. 그런 까닭으로 생각되는데 정부가 추진하는 문화 산업 정책 분야를 망라해 보면 아예 음식 분야는 없습니다. 정부 관리들에게는 음식에 대한 생각 혹은 이미지가 아예 형성되지 않은 거예요. 몇몇 전문가들이 한식의 세계화를 위해 열심히 노력하고 있지만 그것 가지고는 어림도 없고 문화 산업을 육성하는 방향으로 제대로 된 정책이 개발되어야 이 작업이 탄력을 받아서 더 멀리 뻗어나갈 수 있을 겁니다.

정부의 문화 정책 이야기가 나오니 나도 답답해졌다.

저도 관리들의 문화 의식을 보면 아직 멀었다는 생각이 듭니다. 그러나 그게 꼭 관리들만의 책임은 아니겠죠. 국민들의 문화 의식이 전반적으로 낮으니까 관리들의 의식 수준도 그와 비슷해지는 것이겠죠. 국민들은 수준이 높은데 관리들만 낮을 수는 없는 것 아니겠습니까? 보통 한국인들은 무슨 공연장 같은 것만 세우면 문화가 발달하는 줄 아는 경향이 있습니다. 지금도 서울시에서는 한강에다가 큰 음악당을 짓겠다고 하는데 그런 건 문화의 극히 작은 부분에 불과합니다. 문화란 생활화되는 게 가장 중요한 것인데 그런 공연장 문화는 우리 한국인들의 일상생활과는 별 연관이 없는 것입니다. 그런 건물 세우는 것 자체야 나쁠 것은 없지만 그런 것 세운다고 문화 의식이 올라간다고 생각하는 것은 착각입니다. 제 눈에는 그런 공연장을 짓겠다는 건 생각 없이 그저 서양

흉내만 내는 것 같습니다. 서양에서는 그런 공연장 문화가 생활화되어 있기 때문에 공연장 짓는 게 어울립니다마는 우리에게는 아직도 생소하기 그지없습니다.

그런 의미에서 지금 회장님이 말씀하시는 것처럼 좋은 그릇을 일상 속에서 사용하고 또 그릇에 넣을 좋은 음식을 만들고 하는 것이야말로 가장 문화적인 일이라 할 수 있습니다. 또 그런 일들이 일상화될 때 수준 높은 문화가 나올 수 있고 그 자연스러운 결과로 우리 문화가 외국에 수출될 수 있는 것이겠지요. 반면에 극장은 자꾸 지어봐야 그게 우리 일상까지 내려오지 않는 한 우리 문화의 전반과는 별 관계가 없습니다. 그런 의미에서 보면 한식의 일상화와 세계화 문제는 그 어떤 과제보다도 중요하다고 할 수 있습니다. 그건 그렇고 회장님이 생각하시는 한국 음식의 정체성은 어떤 것인가요? 다시 말해서 회장님은 더 조명하고 살려내고 싶은 한식의 특징은 무엇이라고 보시는지 궁금합니다.

약과 음식은 그 뿌리가 같다

질문을 받자 조 회장의 눈빛이 반짝이는 것 같았다. 내심 기다렸던 질문인 모양이었다.

우리 음식의 특징에는 여러 가지가 있겠지요. 가령 밥이 주식이 되고 국이나 반찬은 밥을 먹기 위한 부식이 되는 형식이라는 것도 한식을 설명하는 하나의 방법이 될 수 있겠지요. 혹은 국이나 반찬을 만들 때 장(즉, 간장, 된장, 고추장)이 대단히 중요한 역할을 하는 음식이라고도 말할 수 있겠지요. 그러니까 장이 중요시 되는 음식이라고 할 수 있다는 거지요. 저는 그런 특징을 일일이 다 보겠다는 건 아닙니다. 그보다는 앞으로 우리 음식을 세계화하려고 할 때 과연 어떤 특징에 더 유념해야 하느냐에 초점을 맞추고 싶습니다.

그런 의미에서 저는 한식의 두드러진 특징 가운데 하나인 약식동원(藥食同原) 혹은 의식동원(醫食同原) 사상에 주목해 보려고 합니다. 이 사상은 '약과 음식은 그 뿌리가 같다'는 의미를 갖고 있지요. 음식 따로 약 따로가 아니라 음식이 약이고 약이 음식이라는 생각을 밑에 깔고 있는 것입니다. 그 연유는 확실히 모르겠습니다마는 우리 음식은 영양 보충 기능 말고도 몸의 허약을 보양(保養)할 뿐만 아니라 병을 고치는 기능까지 겸비하고 있다고 말해집니다. 그건 우리 음식에 들어가는 재료들을 보면 알 수 있습니다. 한번 보십시오. 우리 음식에는 인삼, 계피, 꿀, 황기, 대추, 밤과 같은 약재(藥材)들이 많이 들어갑니다. 또 고춧가루나 마늘, 생강 등과 같은 양념도 많이 들어가는데 이 재료들은 물론 맛도 뛰어나지만 약으로서의 효과도 뛰어납니다. 특히 마늘은 그 항암 효과가 알려지면서 상용하고 있는 외국인들이 늘어나고 있습니다.

대표 양념 마늘의 효능

마늘 이야기가 나오니까 내 귀가 번쩍 띄었다.

마늘에 대해서는 할 이야기가 많지요. 그동안 우리 한국인들이 마늘 때문에 얼마나 구박을 많이 받았습니까? 한국인들은 전 세계 인류 가운데 매일 마늘을 먹고 사는 얼마 안 되는 민족 가운데 하나일 겁니다. 김치에 들어가 있는 마늘 때문이지요. 그래서 외국인들과 만날 때에는 며칠 전부터 마늘(혹은 김치)을 안 먹는다느니 혹은 먹더라도 먹은 다음에 양치질을 세게 하고 가야 한다느니 참으로 말이 많았습니다. 일본인들은 심지어 한국인들이 상점에 다녀가면 마늘 냄새가 며칠 동안이나 난다고 엄살을 떨었습니다. 그런데 세평이 아무리 그렇다 하더라도 우리 한국인들이 김치를 안 먹고 살 수는 없는 것이지요.

그러던 차에 마늘이 항암 효과가 뛰어나다는 연구 결과가 전 세계적으로 알려지기 시작합니다. 저도 TV에서 이 사실을 알리는 다큐멘터리 프로그램을 본 적이 있습니다. 거기서 쥐를 가지고 실험했는데 마늘을 먹은 쥐와 먹지 않은 쥐는 암세포의 증식을 막는 데 있어서 큰 차이를 보였습니다. 그러는 와중에 미국에서 나온 건강 지침서 같은 것을 본 적이 있었습니다. 거기에는 건강하기 위해서 지켜야 할 서른맷 가지 항목이 씌어 있었는데 그 가운데에 '건강하려면 하루에 마늘을 두 개씩 먹어야 한다'는 항목이 있는 거예요. 아까 회장님 말씀대로 이제 드디어 외국인들도 - 특히 서양인들 - 그 지독하다는 마늘, 드라큘라도 피해 간다던 마늘의 가치를 알아차리기 시작한 거지요. 그래서 저는 그런 상상도 해봅니다. 앞으로 마늘 냄새를 풍기고 다니는 것은 혐오스러운 게 아니라 건강의 상징으로 간주될지도 모른다고 말입니다.

이것이 반드시 꿈만은 아닌 게, 앞에서 이미 보았지만 일본인들이 사시미를 서양에 처음 소개했을 때에도 서양인들은 사시미에 대해서 일명 '몬도카네'라고 부르면서 지극한 혐오식품으로 낙인찍지 않았습니까? 그러나 지금은 사시미가 제일 비싼 음식이 되었듯이 마늘도 알 게 뭡니까, 건강의 보루를 상징하는 최고의 식품이 될지 말입니다. 게다가 마늘이 많이 들어간 김치를 먹으면 사스를 예방할 수 있다는 풍문까지 돌면서 중국인들이 김치를 마구 사들이는 진풍경이 펼쳐진 적이 있지 않습니까? 저는 이런 것들이 모두 앞으로 마늘이 각광받는 음식이 될 수 있는 징표가 아닌가 하는 생각을 해봅니다.

여담이지만 어떤 이의 이야기를 들어 보니까 마늘을 그렇게도 싫어하는 일본인들이 마늘을 대하는 태도가 조금 달라졌답니다. 예를 들어 오사카 같은 곳을 가보면 마늘 라면을 파는 가게가 있다는 거예요. 마늘을 항시 탁자에 두고 라면에 자기가 원하는 만큼 넣어서 먹게 하는 그런 가게랍니다. 마늘은 항용하는 우리들도 라면에는 마늘을 잘 넣지 않는데 일본인들이 그런다니까 참으로 격세지감을 느낍니다.

그럼 최 교수님 상식으로 하나 물어봅시다. 우리나라 사람들이 고기를 먹을 때 왜 마늘을 먹는지 아십니까? 우리는 고기 먹을 때 마늘이 없으면 좀 허전하고 이상하잖아요?

그저 고기와 궁합이 잘 맞아서 그렇다는 정도로만 알고 있는데요.

물론 궁합이 잘 맞지요. 그런데 어떻게 맞을까요? 우선 돼지고기와 연관지어서 말해 볼까요? 돼지고기에는 특히 피로 회복이나 스트레스를 방출하는 데에 탁월한 효과가 있다는 비타민 B1이 많이 들어 있는데 이 비타민은 이렇게 좋은 점이 있음에도 불구하고 체내에 흡수가 잘 안 된다고 합니다. 그런데 마늘에 있는 알리신(alicin)이라는 물질이 이 비타민의 흡수를 좋게 만든다는 거예요. 그래서 마늘과 돼지고기가 궁합이 잘 맞는다고 하는 건지도 모릅니다. 그렇게 좋다는 이 알리신이라는 물질이 사실은 마늘 냄새의 주범이랍니다. 마늘의 효용은 그뿐만이 아닙니다. 우리가 돼지고기 같은 고기를 먹을 때 가장 문제시되는 것은 콜레스테롤이나 지방 같은 것입니다. 그런데 마늘이 여기에도 즉효랍니다. 어떤 대학에서 실험을 했는데 6개월간 피실험자에게 일정량의 마늘을 투여했더니 악성 콜레스테롤과 지방이 60~70%나 감소했다는 결과가 나왔다고 합니다.

마늘 예찬론이 이어지니 나도 생각나는 게 있어 거들기로 했다.

정말 마늘은 대단한 식품인 것 같습니다. 아니 식품이 아니라 약재라고 해도 문제가 없을 정도입니다. 오죽 신이(神異)했으면 동물(곰)이 그걸 먹고 사람이 됐다는 신화가 다 나왔겠습니까? 그런 신화가 나온 걸보면 옛사람들이 마늘이 얼마나 신령한 식품이었는지를 알고 있었다는이야기도 되지요. 제가 잘 아는 윤동혁 피디라는 분에게서 들은 이야기인데요, 마늘에는 게르마늄이 많다고 해요. 게르마늄이 뭡니까? 대표적인 항암제 아닙니까? 그런데 마늘에는 이 게르마늄이 무진장 들어있다는 겁니다. 알로에와 비교했을 때 한 10배는 더 들어 있다고 하더군요.

그런데 기분 좋은 일은 이웃 나라인 중국이나 일본산 마늘과 비교해볼 때 우리 마늘이 훨씬 효능이 좋다는 겁니다. 게다가 조리법에 관계없이 굽든지 찌든지 간장에 절이든지 어떤 상태로 가공하더라도 생마늘과같은 효능을 갖고 있다고 해요. 한국식품개발원에서 실험을 해봤더니 위암 세포를 죽이는 데 서산 마늘은 81%를 죽인 반면 중국 마늘은 13%에 그쳤다고 합니다. 이렇게 우리 마늘이 훨씬 더 효과가 좋다고 합니다. 일전에 윤 피디가 만든 다큐멘터리 테이프를 보니까 중국인들에게 한국식으로 먹는 삼겹살이 인기가 있다고 하는 거예요. 중국인들이 돼지고기를 좋아하니 삼겹살을 좋아할 수 있겠죠. 그런데 중국인들은 돼지고기를 주로 기름에 튀겨서 먹지 않습니까? 그렇게 먹는 방법이 사실 좋을 게 없지요. 돼지도 기름이 많은데 그걸 또 기름에 튀겨서 먹으니 말입니다.

그런데 한국식 삼겹살은 좀 다르죠. 돼지고기를 불에 굽기 때문에 일단 기름을 많이 거둬내지요. 그 다음에 그렇게 구운 것을 채소에 싸서 먹으니 건강에 훨씬 좋을 겁니다. 그런데 여기에다가 마늘을 된장에 찍어서 먹으니 금상첨화가 됩니다. 생각해 보세요. 마늘의 효능에 대해서는 이미 앞에서 말했지만 된장은 또 얼마나 기가 막힌 식품입니까? 잘 알려진 것처럼 우리나라 된장은 항암 효과가 뛰어나다고 하지 않습니까? 이와 같이 한국식 삼겹살에는 요소요소에 건강에 좋은 것들이 있으니 한국식 삼겹살이 중국에서 인기가 있는 것은 그다지 이상한 일이 아닐 것입니다.

제 말이 너무 길어진 것 같습니다. 다시 지금 회장님이 말씀하신 약식동원사상으로 돌아가지요. 저 역시 이 사상에 주목을 많이 합니다. 옛말에 '밥이 약이다' 라는 말도 있고 약이 들어간 음식도 여럿 있습니다. 대표적인 게 약식(藥食)일 테고 약고추장 같은 것도 있습니다. 그런가 하면 우리 한국인들은 술까지도 약이라 생각했는지 약주라고 하지 않습니까?

내 말이 너무 길어진 것 같아 얼른 말을 끊고 조 회장을 쳐다보았다. 간단없는 그의 설명이 이어졌다.

물론 마늘도 좋습니다. 그런데 아직 마늘을 본격적으로 세계화하는 건 조금 시기상조인 것 같습니다. 마늘이 아무리 건강에 좋다고 하더라도 냄새를 어떤 형태로든 잡아야 하기 때문입니다. 하기야 요즘에는 냄새 안 나는 마늘도 만들 수 있다는 것 같은데 자세한 것은 아직 잘 모르겠습니다. 마늘보다 제가 더 주목하고 있는 것은 인삼입니다. 인삼은 마늘보다 훨씬 더 널리 약재로 쓰이고 있을 뿐만 아니라 몸에 좋은 점도 마늘을 능가합니다. 게다가 마늘 같은 냄새도 없습니다. 그래서 저는 인삼에 주목해 보려고 합니다.

대표 약재 인삼의 효능

인삼의 효능에 대해서는 더 말할 것도 없습니다. 보약하면 녹용과 더불어 항상 나오는 게 인삼 아닙니까? 예로부터 인삼은 만병통치의 제

왕으로 군림했습니다. 그러니 인삼에 노화를 방지하는 항산화 효과가 있다느니 혹은 암을 예방하는 항암 효과가 있다느니 하는 말들은 진부한 이야기가 되어 버립니다. 그런데 인삼의 신비에 대해서는 우리가 아직도 모르는 게 많습니다.

아직도 제대로 알고 있는 것은 아닙니다마는 현재까지 밝혀진 것에 의하면 사포닌은 인삼 안에 들어있는 약효 성분 가운데 가장 대표적인 것입니다. 이 사포닌 때문에 항암 효과가 생기는 것이지요. 최근 연구(일화 인삼중앙연구소)를 따르면 장에 있는 세균들로 인해 사포닌이 항암 물질로 바뀐다고 합니다. 이 사실에 착안해서 유산균을 가지고 사포닌의 항암 성분을 만드는 데에 성공했다고 하는데, 이것은 인삼이 가진 항암 효과를 약으로 개발했다는 것을 의미합니다. 실제로 인삼으로 만든 항암제를 가지고 위암 환자들에게 투여한 결과 인삼을 먹은 환자들이 한 두 배 이상 생존율이 높았다고 하더군요. 뿐만 아니라 인삼은 당뇨병 환자들에게도 효과가 있어 혈당을 조절하는 데에 효험이 있다는 연구결과도 있습니다. 구체적으로 보면 당뇨병 환자에게 홍삼을 투여한 결과 인슐린의 농도가 약 30% 이상 떨어졌다고 합니다.

조 회장의 인삼 예찬은 끝이 없는 것 같았다. 듣다 보니 나도 한마디 거들고 싶었다.

제가 들은 얘기는 인삼이 또 남자들 정력에도 좋다는 거예요. 이것도 윤동혁 피디에게 들은 이야기인데 브라질의 어떤 대학에서 홍삼을 가지고 발기부전에 홍삼이 효과가 있는지 실험을 해봤더니 거의 80%에 육박하는 수준에서 개선 효과가 있었다는 거예요. 이것은 남성의 성기능을 담당하는 남성호르몬인 테스토스테론이 그만큼 증가했다는 것을 뜻한다고 하더군요.

그런데 진짜 신기하고 기분 좋은 것은 유독 우리나라 인삼이 효능이 월등하다는 겁니다. 이건 아까 마늘을 말할 때도 마찬가지였죠. 우리나라 마늘의 효능이 다른 나라 것보다 월등하다고 하지 않았습니까? 인삼의 경우에도 중국산도 있고 미국이나 캐나다산 등 다양하게 원산지가 있지만 그중에서 고려 인삼이 최고라고 합니다. 이것은 사포닌과 관계된 것인데 사포닌의 양으로만 따지면 다른 나라 인삼이 우리 인삼보다 더 많다고 해요. 그러나 질적으로 따지면 우리 것이 월등하게 뛰어나다고 하더라구요. 그래서 우리 인삼이 최고라고 하는 거지요. 외국 대학의 연구소에서도 인삼을 가지고 실험할 때 유독 한국 인삼을 선호하는 것은 그런 까닭이라고 합니다.

그런데 왜 이렇게 되는 건지는 잘 모르겠어요. 마늘도 그랬잖아요? 그런데 그런 게 더 있지요. 같은 배라도 우리나라에서는 마이클 잭슨도 환장했던 그 주시(juicy)한 배가 나오지만 같은 씨를 미국 땅에 심으면 그쪽에서 산출되는 배처럼 나온다는 거 아닙니까? 회장님도 아실 겁니다. 미국 배는 조롱박처럼 생겨 볼품이 없을 뿐만 아니라 맛도 참으로 없지 않습니까? 또 은행잎에는 혈액순환을 촉진하는 물질이 들어 있다고 하지 않습니까? 그런데 어떤 은행잎보다도 한국 땅에서 나오는 은행잎이 제일 좋다고 하고, 이렇게 되는 게 도대체 무슨 이유인지 모르겠습니다. 이런 예가 아직도 많습니다마는 지금은 그런 걸 이야기하는 자리가 아니니 그만하기로 하지요. 또 그런 이야기만 하면 너무 국수적으로 보일 수도 있고 말입니다.

스타 음식 열전 1-내열자기 불고기

이런 이야기를 나누면서 우리는 이미 서론 격으로 몇 가지 음식을 먹었다. 나는 벌써부터 배가 불러 배를 두드리고 있는데 둥근 그릇으로 덮은 요리 하나가 나왔다. 모습은 서양 식당에서 많이 나오는 것과 꼭 닮았다. 서양인들이 저 안에다가 고기 같은 것을 요리해서 식지 않게 하기 위해 둥근 덮개를 씌워서 내오는 것을 TV에서 많이 봤던 기억이 났다.

호기심이 발동되는 것을 참을 수가 없었다.

회장님, 이건 양식당에서나 나오는 것 아닌가요? 이게 뭡니까?

내 말을 듣고 있던 조 회장은 제철을 만난 듯이 눈이 반짝였다. 그리곤 아주 신나는 표정으로 둥근 덮개를 열었다. 그 안에는 고기가 있었는데 어떤 개념의 고기인지 육안으로 보아서는 잘 알 수가 없었다.

최 교수님, 이건 다름 아닌 한식의 대명사 가운데 하나로 되어 있는 불고기입니다. 그리고 이 요리를 담고 있는 이 그릇은 내가 발명한 '내열자기' 라는 것입니다. 자 그럼 이제부터 불고기에 대해 이야기해 볼까요?

아 네. 그런데 제가 불고기에 대해서는 알고 있는 것이 그리 많지는 않습니다. 그저 우리의 불고기 전통은 맥적(貊炙) 전통에서 왔다, 그리고 맥적은 지금의 산적(散炙)과 비슷한 것으로 보면 된다는 것 정도이죠.

최 교수께서도 우리의 육식 전통의 역사를 아시지요? 그렇게 맥적을 먹다가 신라나 고려 때가 되면 불교의 영향을 받아 육식 전통이 사라지게 됩니다. 얼마나 고기를 안 먹었던지 소 같은 짐승 잡는 법을 완전히 잊어버렸다는 기록이 있습니다. 그 유명한 서긍의 『고려도경』에 그런 얘기가 나오지요. 중국 사신들이 오게 되면 그들이 좋아하는 고기 요리를 만들어야 하는데 소를 잡을 줄 몰라 허둥대는 모습을 서긍은 아

연기를 안 내면서도 고기를 맛있게 구울 수 있는 내열자기 불고기 요리

주 적나라하게 묘사하고 있습니다. 그러나 고려가 실질적으로 원의 지배하에 들어가면서 고려인들은 원으로부터 고기 먹는 식습관을 배우게 됩니다. 원을 세운 몽골족은 다 아는 것처럼 목축민족 아닙니까? 그러니 육식하는 풍습이 엄청 발달해 있었던 것은 말할 것도 없습니다.

이렇게 그들로부터 우리는 다시 육식을 배우게 됩니다마는, 우리의 고기 요리 방법은 다른 나라와 비교해 볼 때 분명 다른 바가 있습니다. 최 교수님도 조금 전에 맥적 전통을 이야기하셨는데 우리가 고기를 먹던 방식은, 대별한다면 우선 양념을 하고 그것이 고기에 밴 다음에 구워서 먹는 것이라고 할 수 있습니다. 그에 비해 다른 나라 것은 구우면서 소스 같은 양념을 계속 발라서 먹는 경우가 있고, 아니면 다 구운(혹은 익힌) 다음에 소스에 찍어 먹는 그런 스타일이지요. 우리 고기 요리는 쉽게 생각하면, 왜 양념에 하루 정도 재운 고기를 동그랗게 생긴 강판 위에 올려놓고 구워 먹는 불고기 있잖아요? 그것을 생각하면 되겠죠.

네 그렇군요. 그런 불고기 참 많이 먹었습니다. 또 외국인들도 참 좋아했지요. 그런데 이 불고기가 일본식을 많이 닮았다는 비판도 꽤 있었던 것으로 알고 있습니다. 그러나 여전히 이 불고기 역시 고기를 양념에 오랫동안 재운 다음에 굽기 때문에 한국식 전통을 이어받은 것이라고 볼 수 있습니다. 제가 알기에 이 불고기보다 더 전통적인 불고기로 '너비아니' 라는 이름의 음식이 있다는 것을 알고는 있습니다마는 그것에 대해서는 자세히 알지 못합니다.

그런데 최 교수님. 그 너비아니를 어떻게 양념하고 굽는 건지 아십니까? 아주 간단하게만 이야기해 보지요. 우선 소 등심을 썰어서 넓적하게 편을 만든 다음 칼등 같은 것으로 두들겨서 연하게 만듭니다. 그런 다음 참기름과 간장을 섞은 기름장으로 충분히 간이 스며들게 한 다음에 구우면 되지요.

아 그런 거라면 제사 지낼 때 많이 보고 맛있게 먹었던 기억이 나네요. 그런데 그때는 소고기를 넓게 잘라 크게 만들어 먹었던 기억이 있습니다. 그리고 고기 위에는 고명을 조금 올려놓았던 기억도 있습니다.

조 회장은 내 말이 끝나기도 전에 바로 받아쳤다.

그런데 그 고기 굽는 방법이 특이했습니다. 고기는 뭐니 뭐니 해도 연한 게 좋지 않아요? 연하게 만들기 위해 어떻게 했냐고요? 숯불에 구운 고기를 급히 물에 담갔다가 다시 굽고 하는 일을 한 세 번 반복해서 합니다. 그런 다음 다시 기름장을 발라 구우면 고기 질이 아주 좋아집니다. 이와 비슷한 조리법을 따른 예로 설야멱(雪夜覓)이라는 음식을 들 수 있습니다. 이 '설야멱' 이라는 음식은 이름이 아주 재미있지요? 눈 오는 밤에 고기(를 찾아) 구워 먹는 식습관을 가리키는 것입니다. 이것은 개성 명물 요리인데, 소의 갈비나 염통 같은 것을 기름과 훈채(마늘이나 파처럼 향이 강한 채소)를 섞은 장으로 조미해 굽다가 반쯤 익으면 냉수에 잠깐 담갔다 꺼내서 센 불에 다시 굽는 것입니다. 이 음식은 특히 겨울밤에 술 마실 때 안주로 많이 먹었다고 하지요. 물론 아무나 먹을 수 있었던 것은 아니고 귀족들이나 먹을 수 있던 음식이었죠.

회장님, 말씀이 아주 재미있는데 고기를 굽다가 식혔다 또 굽고 하는 일련의 과정이 계속 나오고 있거든요? 이게 무엇을 뜻하는 것인지 궁금합니다.

바로 보셨어요. 고기를 구울 때 가장 맛있게 굽는 방법 중 하나랍니다. 그런데 왜 이렇게 굽는지 아세요? 구웠다 식혔다 하는 과정을 왜 반복하는 건지 아느냐는 것이죠.

나는 잘 알 수 없어서 침묵으로 일관했다.

눈오는 날 밤 고기를 먹으면서
소주를 마시는 설야멱

조 회장의 답이 이어졌다.

앞으로 고기 집에 가면 제가 지금부터 이야기하는 대로 구워 먹으면 맛이 좋을 겁니다. 물론 숯불에 구워 먹는 게 제일 맛있지요. 그런데 위에서 말한 것처럼 찬물에 식히고 할 여유가 없으니까 강한 숯불에 일단 고기의 겉을 빨리 익히세요. 그런 다음에 약한 불로 천천히 익혀서 어느 정도 됐을 때 먹으면 맛이 좋을 겁니다. 그럼 왜 센 불로 겉을 빨리 익히는지 아십니까? 그렇게 해야 고기 맛이 나게 하는 맛있는 성분인 육즙(肉汁)이 빠져나오지 않기 때문입니다. 만일 이렇게 굽지 않고 그냥 센 불에다가 계속해서 구우면 그 육즙이 다 날아갑니다. 또 잘 구워졌을 때 빨리 먹어야지 조금만 뜸들이고 시간을 지체하면 육즙이 다 빠져나가 고기가 질겨집니다.

아 그래서 그랬군요. 저도 그런 경험이 많습니다. 제가 한번 가본 집은 성북동에 있는 꽤 알려진 기사식당이었는데 돼지불고기를 구워서 파는 집이었어요. 그 집에는 항상 손님이 많아서 일부러 한 번 가봤습니다. 가서 먹어 보니까 직접 고기를 구워서 먹는 게 아니라 너비아니처럼 미리 구워서 나오는 거였습니다. 실비집이었기 때문에 고기가 담겨 나오는 접시도 '스뎅'이어서 별로 문화적으로는 보이지 않았습니다마는 고기 자체는 싼값 치고 괜찮았습니다. 그래 고기를 어떻게 굽는지 알아보

니까 회장님 말씀하신 것과 비슷하더군요. 먼저 연탄에 구워서 초벌구이를 해놓는다는 거예요. 그랬다가 손님이 오면 다시 구워서 내놓는답니다.

그리고 다른 체험도 있습니다. 왕십리에는 제가 가끔 가는 고기 집이 있습니다. 그 집에서는 종업원이 서빙을 하겠다고 와서 고기를 달군 석쇠에 한꺼번에 많은 양을 부어버리는 거예요. 그래 허겁지겁 빨리 먹어야 하는데 바로 구운 거 몇 점은 아주 맛있더라고요. 그런데 석쇠 위에 계속 있던 것들은 나중에 먹으려 하니까 벌써 질겨져 있더군요. 먹을 수 있는 때를 놓친 겁니다. 어떻게나 무식하게 서빙을 하던지. 그런 집에서 먹는 건 문화적 행위를 하는 게 아니라 배 채우는 동물적 행위에 불과하더군요. 그런데 식당 내부장식은 실비집인데 가격이 비싸니 실비집이라 할 수도 없고 또 실비집 같은 정도 느낄 수 없었습니다. 그 식당에서 고기를 정신없이 먹는 사람들을 쭉 둘러보니까 마치 동물들을 사육하는 느낌까지 들더라구요.

근데 더 짜증나는 건 저마다 고기를 구워대니까 그 연기가 장난이 아니었습니다. 그 식당에서 먹는 모습을 조금 과장되게 말하면 무슨 굴속에서 연기를 잔뜩 피워놓고 누가 자기 것 먹을까 두려워서 마구 음식을 자기 입에만 가져다 넣는 그런 형국이었습니다.

내 이야기가 긴데다가 너무 비판조로 나가 황급히 말을 끊었다. 그런데 조 회장은 의외로 강한 긍정의 맞장구를 쳤다.

맞아요. 한국 음식의 대명사처럼 되어 있는 불고기와 갈비는 바로 그것이 문제라고 생각합니다. 숯불이나 가스불 등으로 고기를 굽는 데서 나오는 연기, 그리고 고기 냄새는 어쩌다 한두 번 별미로 즐길 때는 괜찮겠지요. 그러나 아무리 맛있다고 해도 그런 게 심하면 두 번 가고 싶지는 않을 겁니다. 우리 한국인들도 젊은 여성들은 냄새 때문에 고기집을 꺼리는 경우가 많은데 서양인들의 경우는 어떻겠어요. 한국인이 초대해서 파티로 생각하고 좋은 옷 입고 왔다가 그 좋은 옷에 고기 냄새가 배면 기분이 좋을 리가 없겠지요. 또 서양인들이 우리처럼 방바닥에 앉아서 먹으려면 그것도 쉬운 일은 아닐 겁니다.

이래 가지고는 우리 불고기나 갈비를 세계화시키기가 매우 어렵습니다. 물론 실비집에서는 그렇게 연기를 마구 풍기면서 먹어도 문제가 안 되겠습니다마는 그렇다고 우리가 실비집 가지고 세계화할 수 있는 것은 아니지 않습니까? 그러나 우리의 불고기나 갈비는 천하에 맛있는 고기입니다. 이런 음식은 세계에 적극적으로 알리는 게 한국인의 도리라고 생각합니다. 그래서 맛은 우리 전통의 것을 살리되 분위기는 고급스럽게 바꾸어서 누구나 쉽게 접할 수 있는 방법이 없을까 하고 생각해 보았습니다.

불고기의 연기 문제가 나오니까 내 뇌리에 번뜩 스치는 게 있었다.

불고기의 연기 문제가 나오니까 저도 아까 말씀드렸던 윤동혁 피디에게서 들은 이야기가 생각이 나네요. 일본 동경서 한국식의 야키니쿠[燒肉, 불고기] 집을 하는 재일 동포 이야기인데, 이 사람은 동경서만 자기 식당의 분점을 30여 개나 갖고 있다고 하더군요. 근데 이 양반이 처음에 일본 손님들의 환심을 산 게 인상적입니다. 손님들이 고기를 굽기 전에 옷을 걸어 놓으면 반드시 덮개를 씌워서 옷에 고기 냄새가 배이지 않게 했다는 거예요. 일본 사람들은 아주 깔끔하니 그런 일본인들의 성향을 거스르지 않기 위해 생각해낸 것이겠죠. 큰 것은 아니지만 그런 세심한 배려가 손님들의 마음을 사는 것 아니겠습니까? 그러나 옷에 그렇게 덮개를 씌운다 해도 지금 입고 있는 옷에는 냄새가 배일 테니 그것도 완전한 방법은 아니지 않겠나 하는 생각이 듭니다마는…….

조 회장은 내 이야기를 재미있게 듣고 있다가 반갑게 응수했다.

연기 문제를 가지고 벌써 선수를 친 사람이 있었군요! 그러나 그렇게 한다고 해서 최 교수가 말씀하신 것처럼 연기 문제가 완전히 해결된 것은 아닙니다. 이 연기 문제가 완전히 해결되어야 제가 주 고객 대상으로 삼았던, '성장(盛裝)을 한 외국인 VIP'를 대접할 수 있는 것 아니겠습니까? 그래서 나는 이 문제를 해결하기 위해 고심을 한 끝에 지금 우리 앞에 있는 이 '내열자기'라는 그릇을 만들어 보았습니다. 이 자기는 전통 속에 있던 것을 모방해서 만든 게 아니라 광주요에서 특수 제작한 것입니다.

저는 이렇게 우리 회사에서 새로운 그릇을 만들고 그것을 현실에 적용시켜보는 이런 시도가 참으로 좋습니다. 이 그릇을 설명하자면, 이 자기는 대형 접시 모양이지만 보통 접시보다 훨씬 두께가 두껍습니다. 이것은 이 그릇 속에 담은 음식이 식지 않고 원래의 온도를 계속해서 유지할 수 있도록 하기 위해서입니다. 왜 우리 전통 음식 그릇에도 뚝배기라는 게 있지 않습니까? 이 내열자기는 뚝배기의 원리와 비슷하다고 할 수 있을 겁니다. 뚝배기도 다른 그릇보다 훨씬 두껍지 않아요? 두꺼우니까 한번 열을 받으면 그 열을 쉽사리 빼앗기지 않는 거지요.

내열자기-움직이는 오븐.

아 그래요? 뚝배기 말씀인데 제가 보기에 그 그릇은 참으로 대단한 그릇입니다. 뚝배기로 일단 찌개를 끓이면 밥을 다 먹을 때까지도 내용물이 안 식으니 말입니다. 세상에 이런 그릇이 또 있나 싶을 정도로 대단한 그릇이에요. 그래서 뚝배기를 볼 때마다 우리에게는 이런 훌륭한 그릇이 있는데 왜 우리 자신을 그 야(野)한 양은 냄비하고만 비교하느냐고 하면서 혼자서 실소하곤 하지요. 한국인들은 성질이 냄비 같아 확 끓어올랐다 확 식어버린다고 하지 않습니까? 이른바 냄비 근성이지요. 그런데 우리에게는 그릇이 냄비만 있는 것이 아니라 이렇게 뚝배기처럼 은근하게 데워졌다가 천천히 식는 그릇도 있는데 왜 냄비 가지고만 이야기하는지 안타깝다는 겁니다.

조 회장은 재미있다는 표정을 지으면서 자신의 발명품에 대해 신나게 설명을 이어갔다.

저는 그래서 이 내열자기를 '움직이는 오븐' 이라고 부릅니다. 그렇지 않아요? 이 그릇은 오븐과 같은 역할을 하는데 이렇게 가지고 다닐 수 있으니 말입니다. 오븐 같은 기능이 있으니 이 그릇 안에 음식을 넣으면 상당한 시간 동안 온도를 유지하면서 먹을 수 있습니다. 그런데 이 내열자기만큼 중요한 것은 이 그릇에 고기를 담기 전에 어떻게 고기를 굽는가에 관한 것입니다. 내열자기는 일단 구운 고기를 보온하는 역할을 하는 것이지 고기를 직접 굽는 그릇이 아닙니다. 그러니 말할 것도 없이 굽는 방법은 대단히 중요한 일입니다. 그러면 우리 식당에서는 어떻게 고기를 굽는지 알아볼까요?

순서는 대체로 다음과 같습니다. 우선 차돌박이나 안창살 같은 양질의 고기를 양념에 재운 다음 첫 번째 단계로 센 숯불에서 굽습니다. 조금 구워지면 그 고기를 얼음물에 잠시 넣었다가 빼서 다시 굽습니다. 얼음물로 급랭시키면 육즙이 빠져나가는 것을 막을 수 있기 때문입니다. 이렇게 구은 것을 미리 가열해 놓은 내열자기에 넣고 잠시 기다리면 고기의 내부가 적절하게 익게 됩니다. 손님에게 고기가 제공되는 것은 바로 이때입니다. 그러나 이 그릇에는 여전히 열이 있기 때문에 먹는 동안에는 고기의 온도가 내려가지 않습니다. 이렇게 조리하면 연기는 하나도 경험하지 않으면서 원래 일반 고기 집에서 먹는 것과 똑같은, 아니 어찌 보면 더 맛있는 고기를 즐길 수 있게 됩니다. 이렇게 먹어야 문화와 함께 하는 음식이라고 할 수 있겠지요.

사실 고기는 아까부터 들어와 있었기 때문에 조 회장이 말하는 동안 나는 찔끔 찔끔 젓가락으로 고기를 먹고 있었다. 고기 맛은 꽤 괜찮았는데 양념이 조금 덜된 느낌을 받았다. 우리 입맛이 너무 진한 양념에 익숙해서 조금 싱겁게 양념한 고기는 잘 받지 않는 것인가 하는 의문도 들었다. 원래 우리의 고기 굽는 전통은 설야멱이나 너비아니의 경우에서 보듯이 간을 그리 세게 하는 편이 아닌데, 요즘 들어와 고기에 진한 양념을 할 뿐만 아니라 설탕도 많이 쳐서 달게 만드는 경향이 있지 않은가 하는 의심이 생긴 것이다. 우리의 입은 아마 이런 맛에 익숙해져 있을 것이고 그래서 이 식당의 내온자기 불고기가 싱겁게 느껴지는 것은 아닌가 하는 생각이 들었다. 맛은 그렇다 치고 식탁 디자인적인 입장에서 볼 때 내열자기의 색깔은 검은 것이라 다른 그릇들과 조화가 썩 잘 되는 것 같지는 않았다. 그런 투로 조 회장에게 이야기를 전하니 그는 묵묵히 듣고만 있었다. 내 의견을 다시 정리하면서 조 회장에게 물었다.

회장님, 이 내열자기 불고기는 훌륭한 시도로 생각됩니다. 이것은 이제 시작한 음식이니까 아마 계속 변화를 주면서 개선시키면 분명 훨씬 더 좋은 불고기가 나오리라고 확신합니다. 그런데 이런 우리식의 불고기를 보니 언뜻 중국의 요리와 비교가 되네요. 중국 음식 중에 삼겹살하고 해삼을 섞어서 만든 요리 있지 않습니까? 삼겹살과 해삼을 섞은 것은 상당히 훌륭한 조합이라고 생각되는데요, 그런 음식에 익숙한 사람들이 여기에 나온 내열자기 불고기를 보면 어떻게 반응할지 모르겠습니다. 조금 밋밋하다고 하지 않을까 하는 예단을 해봅니다.

이 요리는 이제 시작된 것이라 앞으로 개선할 점이 많이 있을 겁니다. 그러나 이 식당에서 가장 자랑할 수 있는 요리는 아직 안 나왔으니 이 불고기만 보고 판단하지 마시기 바랍니다. 그 요리가 무엇이냐구요? 바로 삼계탕의 변형이라고 할 수 있는 홍계탕입니다.

이 말을 하면서 조 회장의 얼굴에는 자신감이 넘쳤다. 조 회장은 종업원에게 홍계탕을 가져오라고 시켰다.

스타 음식 열전 2-홍계탕

홍계탕이 나오는 동안 우리는 한국 전통 음식에만 있는 이 닭요리에 대해 의견을 교환했다. 나는 우선 홍계탕이라는 단어를 처음 들어 보는 거라 그것에 대해 먼저 물었다.

회장님, 홍계탕이라니요. 삼계탕이라는 말은 우리에게 매우 친숙한 단어이지만 홍계탕은 생소하기 짝이 없습니다. 설명 좀 해 주시죠.

허허, 그러실 겁니다. 홍계탕(紅鷄湯)은 앞서 말한 것처럼 삼계탕의 변형입니다. 삼계탕에서는 인삼을 넣지만 저는 홍삼을 넣었습니다. 그리고 그냥 닭이 아니라 오골계를 넣었습니다. 그래서 인삼의 삼계탕이 아니라 홍삼의 홍계탕이라고 하는 것입니다.

또 한 번 조 회장의 기발한 아이디어의 격외성에 놀라고 말았다. 그러나 일단은 삼계탕에 대해서 이야기하고 싶었다.

그 아이디어가 너무 재미있네요. 그러나 오늘 음식의 주인공인 홍계탕을 보기 전에 그 원조인 삼계탕에 대해 먼저 이야기했으면 좋겠습니다. 삼계탕은 외국인들에게도 인기가 많다고 들었습니다마는…….

맞습니다. 지금 우리가 먹는 음식 가운데 별 변형을 가하지 않고 있는 그대로 내놓아도 국제적인 경쟁력이 있는 음식이 몇 개가 있는데 그중 하나가 바로 삼계탕입니다. 특히 중국인들과 일본인들이 좋아한다고 하지요. 중국인들이 우리나라에 관광 오면 먹을 게 없다는 불평을 많이 하는데 삼계탕만큼은 별 불만 없이 잘 먹는다고 하더군요. 기름진 음식에 익숙한 중국인들이 우리 음식을 보면 구미가 잘 안 당길 것이라는 것은 쉽게 예측할 수 있습니다. 왜냐하면 우리 음식은 채소 위주에다가 기름도 동물성이 아닌 식물성 기름을 쓰기 때문입니다. 그런 중국 사람들이 삼계탕을 잘 먹는 이유가 뭔지 아십니까? 바로 삼계탕이 약이 된다고 생각하기 때문입니다. 제 개인적인 생각에는 삼계탕이야말로 우리 음식의 대표적인 원리인 약식동원 사상을 실현한 음식이 아닌가 합니다.

삼계탕이 왜 약이 되는 음식인가는 다 아는 이야기이니 자세하게 이야기할 필요 없겠지요. 그런데 저는 홍계탕에다가 인삼만 넣은 것이 아니라 전복도 넣고 버섯도 넣었습니다. 전복은 바다의 인삼이라는 말이 있을 정도로 좋은 식품이라는 건 이미 알고 계시겠지요. 물론 이 홍계탕의 핵은 오골계라는 닭이지마는요.

회장님, 그리고 음식 말고 다른 부분에서 삼계탕 같은 오랜 끓임의 원리를 잘 실현시킨 것에는 이른바 한약이라고 불리는 우리의 전통 의약이 있습니다. 생각해 보십시오. 한약처럼 오랫동안 달여서 먹는 약(혹은 음식)이 다른 나라에도 있겠느냐고요. 오랫동안 달이기 때문에 각 재료에 있는 요소들이 다 빠져나와 다른 재료에서 나온 것들과 섞이게 됩니다. 그렇게 섞이면서 낱개의 약재에서는 찾아볼 수 없는 전혀 새로운 약이 창출됩니다. 이런 원리는 비빔밥에도 적용이 됩니다. 비빔밥 역시 여러 요소가 섞여 각각의 요소들의 맛은 여전히 살아 있으면서 그것과는 다른 새로운 차원의 맛이 도출된다는 면에서 뛰어난 음식이라고 할 수 있겠죠. 저는 이렇게 장시간 끓이고 그 과정을 통해 새로운 맛이나 영양 (혹은 효과)을 만들어내고 하는 따위에서 우리 문화가 가진 깊이를 느낍니다. 우리 문화 자체가 원래 이렇게 여러 층의 나이테를 갖고 있기 때문에 이렇게 깊이가 있는 훌륭한 음식이 나오는 것이라는 생각을 해봅니다.

하하. 참 재미있습니다. 자 그럼 홍계탕 이야기를 계속해 볼까요? 이 음식의 핵심은 역시 홍삼을 쓰는 것입니다. 제가 왜 지금까지 쓰던 인삼을 안 쓰고 홍삼을 썼는지 아십니까? 아시다시피 홍삼은 인삼보다 그 성분이 더 뛰어납니다. 일설에 따르면 인삼은 체질에 따라 안 쓰는 게 좋은 경우도 있다고 합니다. 가령 열이 많은 사람에게는 인삼이 안 맞는다고 하지요? 그런 인삼과는 달리 홍삼은 모든 체질에 두루 맞습니다. 그리고 홍삼 역시 한국산이 가장 뛰어납니다. 인삼보다 더 좋은 홍삼, 그리고 전 세계에서 나오는 홍삼 중에서도 가장 뛰어난 한국 홍삼, 이 정도 되면 제가 이 홍계탕에 쓴 재료의 고급성에 대해서 어느 누구도 시비를 못 걸겠죠?

제가 왜 굳이 이렇게 비싼 홍삼을 썼는지 아십니까? 나는 평소에 줄곧 우리 음식 가운데 스타 음식을 만들고 싶었습니다. 우리 음식 가운데 세계화됐다고 볼 수 있는 비빔밥이나 김치, 불고기, 갈비 등은 그리 화려하고 비싼 음식은 아닙니다. 따라서 이런 음식 가지고는 한국 음식에 대해 동경을 자아내거나 그 이미지를 올리는 데에 그리 도움이 안 됩니다. 저런 음식만 있으면 한국 음식은 값싼 그저 그런 음식으로 인식될 우려가 있습니다. 나는 도자기와 마찬가지로 우리 음식에서도 저가의 서민적인 음식부터 아주 고가의, 그러면서 한국 음식의 위상을 높여줄 수 있는 그런 메뉴를 만들고 싶었던 겁니다. 굳이 비교를 하자면 중국 요리 가운데 불도장(佛跳牆) 같은 것이 있지 않습니까? 이 음식은 재료나 조리법이 신비한 것처럼 되어 있고 가격 또한 아주 비싼 것이라 중국 음식의 격을 한층 높여주고 있습니다.

나는 왜 우리 음식은 이렇게 하면 안 되나, 왜 우리 음식에는 이렇게 한식을 아주 고급의 수준에서 대표할 수 있는 음식이 나오면 안 되나 하고 항상 생각해 왔습니다. 그래서 우리 음식 가운데 비교적 쉽게 세계화할 수 있을 뿐만 아니라 모든 면에서 훌륭한 삼계탕을 그 대표 주자로 선정했고, 이 음식을 한식의 스타로 만들기 위해 우리나라에서 나는 최고의 재료인 홍삼과 오골계를 넣어 비싼 요리로 탈바꿈시켰습니다. 나는 홍계탕이 분명 사람들에게 먹힐 거라고 생각했습니다. 삼계탕 혹은 홍계탕은 영양을 섭취하는 동시에 우리 몸에 약이 되기 때문입니다. 홍계탕 값이 비싼 건 그만큼 비싼 재료를 썼기 때문입니다.

이렇게 조 회장이 열렬하게 설명하는 사이에 그 유명한 홍계탕이 들어왔다. 나는 도대체 홍계탕이 얼마나 비싼지 너무 궁금했다.

아니 회장님, 이 홍계탕이 얼마나 비싼 것이기에 그렇게 좋은 재료만 쓰신 겁니까?

오늘 나온 게 바로 제일 비싼 천홍계탕입니다. 이것은 한 그릇에 30만 원을 받고 있지요. 홍삼은 등급에 따라 천·지·양 세 가지로 나누는데 이 탕은 제일 비싼 천홍삼을 사용한 것이지요. 가격별로 지홍계탕은 20만 원, 양홍계탕은 10만 원을 받고 있습니다. 그런데 천홍계탕의 경우는 천홍삼을 제대로 조리하려면 시간이 상당히 걸리기 때문에 미리 주문하지 않으면 먹을 수가 없습니다.

나는 다시 조 회장에게 물었다.

회장님, 아무리 그래도 음식 한 그릇에 10만 원부터 30만 원까지 받는 것은 너무한 것 아닌가요? 또 그렇게 비싼 음식을 먹는 사람이 있나요?

최 교수, 그건 편견입니다. 내가 말했지 않았습니까? 왜 우리 음식은 비싸면 안 되고 최고급이면 안 됩니까? 물론 사람들이 이 홍삼이 뭔지, 또 오골계가 뭔지 모르면 이 탕은 엄청 비싼 음식으로 보이겠지요. 그러나 특히 홍삼의 효과에 대해서 설명을 해 주면 대부분 수긍을 합니다. 반복되는 이야기이지만 중요한 것이니 다시 한 번 말합니다. (천)홍

홍계탕

약식동원의 원리를
최고로 실천한 음식

계탕에는 아주 신비로운 영약이라는 인삼, 그 인삼보다도 좋다는 홍삼, 그 홍삼 가운데에서 제일 좋다는 천홍삼, 그리고 마지막으로 전 세계에서 제일 좋다는 한국산 천홍삼을 썼다는 데에 누가 비싸다고 하겠습니까? (천)홍계탕은 그야말로 세계 최고의 음식 아닌가요? 거기다 맛은 얼마나 좋은데요.

누가 먹느냐고요? 일전에 왔던 어떤 외국 대사는 점심 때 와서 먹어 보곤 너무 맛있어서 저녁때는 아예 배달해 가지고 가서 먹더군요. 회의하면서 저녁을 먹게 되었는데 호텔에서 나오는 스테이크가 너무 싫다고 우리 홍계탕을 배달해 가지고 가서 먹는 거예요. 이런 식으로 지금 우리 식당의 음식에 대한 인식이 차차 나아지고 있습니다. 내가 자신합니다마는 앞으로는 더 나아질 겁니다.

조 회장의 세찬 반론에 내가 공연히 머쓱해졌다. 나도 반대하는 입장은 아니라는 표시를 할 필요가 있었다.

그렇게 말씀하시니까 저도 일전에 본 TV 다큐멘터리 프로그램 생각이 납니다. 지금도 기억에 뚜렷하게 남는 건 경희대학교 병원의 어떤 의사가 에이즈 환자들을 대상으로 홍삼을 가지고 실험한 것인데 이 결과를 믿을 수가 없었습니다. 에이즈는 병에 대한 면역력이 약해져서 어쩔 수 없이 죽는 병 아닙니까? 그런데 정말로 신기한 것은 홍삼을 계속 먹은 환자들은 면역력이 떨어지지 않는다는 겁니다. 원래의 진단대로 하면 생존하기 힘든 환자들인데 홍삼을 먹은 환자들은 시한보다 훨씬 더 오래 살고 있는 것으로 실험 결과가 나왔습니다. 지금도 기억이 나요. 홍삼 먹은 환자들의 면역력이 전혀 떨어지지 않는 그래프의 모습이. 실험자는 의사이니 정확하게 과학적으로 했을 것이고 그 결과를 국제학회에서 발표를 했겠죠.

그런 의미에서 우리는 그동안 인삼과 홍삼에 대해서 너무 무심했던 것 아닌가 하는 생각이 듭니다. 우리에게는 삼이 너무 친숙한 약품이자 식품이었던 관계로 별로 큰 관심을 안 둔 것 같아요. 주위에 워낙 흔하니까 삼이 그렇게 영험한지 몰랐던 거지요. 지금까지의 사정이 어찌 됐든 삼은 정말로 개발할 수 있는 가능성이 무한하게 있을 것 같습니다. 회장님 식으로 이렇게 음식으로 개발하는 것도 아주 좋은 방법이겠구요.

내가 홍삼을 두둔하자 조 회장은 흡족해 하는 것 같았다.

좋은 정보 줘서 고맙습니다. 앞으로 이 홍계탕을 홍보하기에 좋은 정보이네요. 홍삼이 에이즈까지 치료한다는데 그까짓 돈 몇 푼이 문제이겠습니까? 그런데 홍계탕에는 홍삼만 들어가는 게 아닙니다. 닭 중의 닭인 오골계가 들어가지 않습니까. 『본초강목(本草綱目)』 같은 책을 보면 오골계는 혈액순환을 돕고 몸을 유연하게 하는 효능을 갖고 있다고 나와 있습니다. 이외에도 많은 다른 효과가 있습니다마는 조선조의 숙종 대왕이 이것을 먹고 병이 나은 후부터 왕실에서 중요한 음식으로 취급되었다는 사실에 대해서만 언급하겠습니다. 또 홍계탕에는 반드시 버섯을 넣습니다. 보통 버섯이 아닌, 인공적으로 재배할 수 없는 송이버섯입니다. 송이버섯의 효능 또한 대단하지요. 비타민 B_1과 B_2, 그리고 비타민 D가 풍부해서 고혈압이나 비만, 심장병과 같은 노인들 질환에 좋다고 하지요.

이런 말을 들으면서 나는 홍계탕의 국물부터 맛보고 있었다. 인삼을 넣어서 그런지 역시 일품이었다. 맛을 무엇이라고 표현하면 좋을까. 오묘하고 신비로웠다는 말밖에는 달리 표현할 말이 없었다. 그런데 정작 내가 문제로 삼고 싶은 것은 홍계탕의 겉모습이었다.

회장님, 맛이 아주 좋습니다. 그런데 제가 지금부터 문제점으로 지적하고 싶은 것은 맛이 아니라 이 음식의 외장(外裝)에 관한 것입니다. 음식이 아무리 맛있어도 외모에 문제가 있으면 그것은 큰 문제가 아닐까요? 그런 시각에서 삼계탕이나 홍계탕을 보면 포장에 문제가 있지 않나 하는 생각이 듭니다. 물론 이렇게 미와 관련된 문제는 원래 주관적인 요소가 많이 작용하기 때문에 자신 있게 말할 수는 없습니다마는 한 번 문제 삼을 필요는 있다고 생각합니다.

제가 아는 어떤 외국 친구가 삼계탕을 먹으면서 이런 말을 했던 기억이 납니다. 맛은 좋은데 처음 봤을 때 조금 당황스러웠다고 하더군요. 무슨 말인가 하면 닭 살이 그대로 보이는 게 생소하고 심지어는 혐오스러운 느낌까지 들더라는 거예요. 그러면서 누드 치킨이라는 용어로 삼계탕을 부르더군요. 그런데 가만히 생각해 보니 정말로 충분히 그렇게 보일 수 있겠더라고요. 사실 그렇지 않습니까? 우리도 일상에서 '닭살 돋는다' 하면서 닭 살에 대해서 그리 좋은 생각을 갖고 있지 않습니다. 그런데 삼계탕을 먹을 때는 그런 광경을 바로 앞에 놓고 먹으니 이런 데에 익숙하지 않은 외국인들은 충분히 이상하게 생각할 수 있겠더라고요. 우리는 다만 그동안 삼계탕을 워낙 오랫동안 먹어 왔기 때문에 이미 익숙해져서 그런 생각을 안 했던 것 같습니다. 같은 닭이라도 기름에 튀기거나 양념을 하면 그런 닭 살이 보이지 않는데 삼계탕은 유독 그런 면에서 심한 것 같습니다.

조 회장은 다소 의외라는 표정을 지으면서 계속 듣고 있었다.

그런 관점에서 홍계탕을 보면 여기에도 문제가 있지 않나 싶어요. 우선 홍계탕의 색깔이 전반적으로 어둡다는 것을 지적하고 싶군요. 보십시오, 그릇도 검은데 안에 있는 음식물 색깔도 검어요. 특히 오골계는 그 신비로운 효능에도 불구하고 피부가 '까맣다' 보니까 사람이 먹을 음식처럼 보이지 않을 수도 있습니다. 우리 한국인들은 그나마 이 오골계에 대해서 알고 있으니까 그런 것들을 감안하고 먹겠지만 오골계에 대한 사전 정보가 없는 외국인들의 경우에는 처음에 보았을 때 좀 당황스럽지 않을까 하는 생각을 해봅니다. 그리고 이 홍삼도 보십시오. 국물 위에 떠있는 모습이 그리 아름다워 보이진 않습니다.

그래요? 좋은 지적이니 한번 유념해서 손님들에게서 반응도 들어보고 하면서 조사를 해보지요. 하기야 세계적인 음식 치고 아름답지 않은 것은 흔치 않으니 우리도 우리 음식을 아름답게 만들려고 노력해야 겠지요.

그 외의 음식 – 떡을 중심으로

이렇게 해서 우리는 이 식당의 스타 음식이라고 할 수 있는 내열자기 불고기와 홍계탕에 대해서 대강이나마 보았다. 사실은 조 회장과 식당에서 만난 날 위에서 본 음식 외에도 몇 개의 음식이 더 나왔었다. 그러나 내가 이 책을 통해서 말하고 싶은 것은 조 회장이 개발한 음식들이 우리 한식의 세계화에 어떻게 일조를 할 수 있는가를 검토하는 것이었기 때문에 일일이 그 음식들을 하나하나 다루지는 않았다. 그러나 내가 앞에서 다루지 않은 음식 가운데 밥이나 떡도 어느 정도는 거론할 만한 음식이었다. 그 외에 녹두빈대떡, 메밀전병, 마두부찜, 전복갈비찜, 만두구이, 생선구이, 생선조림도 있었는데 다 맛이 좋았다. 어떻든 이런 코스가 다 끝나고 마지막으로 밥을 먹을 때가 되었다. 사실 배가 부른지는 이미 오래 전 일이라 밥 먹기가 힘들었지만 오늘은 작정을 하고 온 몸이라 밥도 먹기로 했다. 그런데 조 회장이 밥을 가져오라 했더니 웬 솥이 하나 나왔다. 나는 이게 도대체 뭐냐고 물었다.

이건 또 다른 내열자기입니다. 아까는 고기를 구워 담아내기 위한 내열자기였지만 이건 밥을 짓는 자기로, 이것 역시 우리 광주요에서 개발한 것입니다. 이 자기는 밥을 맛있게 지을 뿐만 아니라 지속적으로 보온이 되기 때문에 처음 맛을 그대로 유지할 수 있어 좋습니다. 게다가 우리는 최상의 쌀을 사용합니다. 우리나라에서 가장 좋은 쌀을 경기미라고 하는데 광주요 공장이 있는 곳이 바로 그 지역입니다. 그러니 우리들은 어디 쌀이 좋은 쌀인지 잘 알고 있지요. 좋은 쌀을 특별히 제작된 자기에서 짓고 보온한다, 이 얼마나 환상적인 조화입니까?

이 솥의 특징은 이중으로 되어 있다는 것인데, 그래야 계속 보온할 수 있기 때문일 것이다. 일종의 변형된 압력솥으로 볼 수도 있겠다. 밥과 더

불어 오늘의 국이 항상 같이 나오는데 국의 종류에 대한 궁금증보다는 국과 밥을 담은 그릇이 좋아 보였다. 밥그릇과 국그릇은 모두 청자로 되어 있어서 아주 고급스러운 분위기를 연출했다. 그리고 그릇과 앞접시 밑에는 백자로 만든 사각 받침이 있어 더 고급스럽게 보였다.

이제 후식 코스만 남은 모양이었다. 나는 차나 과일을 기대했는데 난데없이 사각 청자 받침에 올려놓은 작은 청자 시루가 나왔다. 안을 보니 떡이었다.

아니 그야말로 웬 떡입니까? 그런데 시루가 굉장히 작네요. 아주 귀엽습니다. 이렇게 작은 떡시루는 처음 봅니다. 가볍게 놀라움을 표시하면서 나는 왜 떡이 나왔는지에 대해 조 회장에게 물었다.

후식으로 하면 어떨까 해서 내놓아 보았습니다. 작은 시루도 제가 개발한 것입니다. 그래서 이 떡으로 오늘 식사의 대장정을 끝내려 합니다. 제가 보기에 떡은 가장 좋은 간식거리인 것 같습니다. 사실 떡은 예로부터 한국인에게는 대표적인 별식이었죠. 그런데 쌀 가지고 떡 만들어 먹는 민족은 거의 없는 것 같죠? 동아시아권에서는 대부분 쌀을 먹는데 같은 쌀을 먹더라도 다른 나라 사람들은 우리처럼 떡을 만들어 먹는 것 같지는 않습니다. 그런데 '밥 위에 떡' 이라는 속담도 있듯이 우리 조상들은 떡을 많이 즐겼습니다.

요즘 젊은이들과 어린이들은 떡을 멀리하는 경향이 있습니다. 대신 밀가루에 버터와 이스트를 잔뜩 넣은 빵이나 아주 단 서양과자 등에 길들여져 있습니다. 아시다시피 이런 서양 음식은 맛이 아주 달지 않습니까? 그런데 단맛은 한번 길들여지면 자꾸 찾게 됩니다. 그 결과 빵이나 양과(洋菓)는 비만의 원인이 되고 성인병을 일으키는 원인이 되기도 합니다. 그것에 비해 떡은 기본적으로 쌀로 만드니 성인병과 무관할 뿐 아니라 영양학적으로도 빵보다 훨씬 우수합니다. 또 떡 많이 먹고 살쪘다는 사람도 없으니 비만의 원인이 될 수도 없습니다.

사실 맛의 깊이로 따지면 떡에는 그 은은한 맛, 그러니까 단맛이 없는 게 아니라 은은하게 단 그런 깊은 맛이 있습니다. 그래서 떡은 일단 맛을 알기 시작하면 누구나 좋아할 수 있다고 봅니다. 게다가 떡은 여러 가지 다른 음식과 섞어 먹을 수 있어 좋습니다. 온갖 채소는 말할 것도 없고 쑥이나 대추, 그리고 많은 과일과 한약재를 넣어 떡을 만들 수 있는데 이렇게 만들면 그게 바로 건강식이 됩니다. 또 바쁜 아침에는 한 끼의 대용식이 되는 데에도 전혀 손색이 없습니다. 그런데 왜 요즘 사람들이 떡보다는 빵을 선호할까요? 제 생각에는 떡보다 빵이 훨씬 가깝게 있기 때문인 것 같습니다. 빵은 아무 때고 살 수 있는 것에 비해 떡은 찌는 데 시간이 걸리기 때문에 집에서 즐기기가 어렵고, 그렇기 때문에 생긴 현상이 아닐까 생각합니다.

회장님 말씀이 맞습니다. 떡은 정말로 세계적인 음식이 될 수 있는데 아직 우리가 살려내지 못하고 있습니다. 우리가 잘 안 먹으니 외국인들이 좋아할 리가 없지요. 그런데 요즘에는 패스트푸드처럼 떡을 파는 작은 가게들이 이전보다 많이 생긴 것도 사실입니다. 한국인들이 점차 자기네 전통에 눈을 떠가는 과정이라고 생각됩니다.

그런데 회장님, 이렇게 작은 시루를 만드신 데에는 다 이유가 있을 것 같은데요?

네. 이 미니 떡시루는 무엇보다도 떡을 쉽게 만들어 먹기 위해 만든 것입니다. 제가 그랬지 않아요? 집에서 떡 만들어 먹는 게 쉽지 않으니까 한국인들이 떡에서 멀어진다고요. 또 기존 떡시루는 상당히 크기 때문에 부담이 많이 됩니다. 시간도 많이 걸리고요. 그런 것에 비해 이 미니 떡시루는 아주 간편합니다. 조금 큰 밥그릇 정도의 크기인데 여기에 쌀가루와 팥을 넣고 20여 분만 찌면 떡이 됩니다. 이렇게 바로 쪄서 먹는 떡의 맛은 안 먹어 본 사람은 모를 겁니다. 우리 식당에서도 디저트로 이렇게 만든 떡을 내놓았더니 의외로 반응이 좋았습니다. 그래서 한 걸음 더 나아가서 시루와 안에 넣을 재료들을 표준화하고 다양화해서 이렇게 제한된 사람만 먹을 게 아니라 슈퍼나 할인점 같은 곳에서도 팔

압력밥솥 역할을 하는 밥솥 내열자기

자기 떡시루와 받침,
그리고 차

고 누구나 가까이 할 수 있으면 좋겠다는 생각이 듭니다.

　조 회장의 아이디어는 끝이 없는 것 같았다. 떡을 저렇게 작은 시루에 찔 생각을 한 것이며 재료들을 정량화 혹은 표준화해서 팔겠다는 생각이 다 기발한 것들이었다. 사실 우리 음식은 표준화가 제대로 되어 있지 않아서 개인별 정량 같은 아주 기본적인 사항들이 제대로 계산되어 있지 않다. 그렇기 때문에 저렇게 정량화해서 음식을 만들면 음식 쓰레기도 줄고 개인의 양에 딱 맞게 음식을 만들 수도 있을 것 같았다.

세계화를 위한 도약-가온 중국 지점

떡을 조금 먹고 나니 조 회장은 오늘 먹은 음식보다는 아직 먹지 못한 음식이 더 많다며 다음을 기약하자고 했다. 우리의 이야기도 말미로 접어들고 있었다. 아직 못한 이야기는 해외 지점에 관한 것이었다. 내가 서두를 꺼냈다.

회장님 오늘 잘 먹었습니다. 마지막으로 차나 한 잔 하면서 이 식당을 앞으로 어떻게 세계로 뻗어나가게 만들 것인가에 대해 듣고 싶습니다. 이미 말씀하셨지만 북경에 진출할 계획을 가지고 계시다고요?

네, 그렇습니다. 사실 제가 이 식당을 가지고 세계 주요 도시를 목표로 삼아 해외에 진출할 계획은 식당을 만들 때부터 이미 갖고 있던 것입니다. 그러나 만일 시발점인 서울에서 장사가 안 되면 죽도 밥도 안 되는 것 아닙니까? 그런데 다행히 서울에서 반응이 괜찮아서 이제 해외로 나가보려고 합니다. 그리고 북경을 유리한 입지로 생각하고 있습니다 (이 원고를 쓰는 동안에 조 회장이 일단 북경보다는 상해에 먼저 가온의 지점을 내기로 했다는 소식이 들렸다. 따라서 이 식당의 첫 번째 해외 지점은 상해점이 된다. – 지은이).

지금 북경은 고속 성장을 하고 있는 중국의 수도일 뿐 아니라 2008

년 올림픽 개최 예정지입니다. 그래서 요즈음 셀 수 없이 많은 외국의 기업인들이 북경을 찾고 있고 그 자연스러운 결과로 북경은 이제 세계적인 도시가 되었습니다. 일단 이런 국제적인 도시에서 경쟁에 뛰어들고 싶은 게 제 첫 번째 소망이었습니다. 서울에서 통했으면 북경에서도 안 통할 리가 없다고 봅니다.

게다가 중국 음식은 세계가 알아주는 음식 아닙니까? 중국 음식과 경쟁을 하면 우리 음식도 큰 자극을 받아서 더 많이 발전할 수 있을 것으로 생각됩니다. 저는 사실 제가 개발한 우리 식당의 메뉴가 산해진미의 나라인 중국의 음식과 어떤 경쟁력을 가질 수 있을지 여간 궁금한 게 아닙니다. 따라서 만일 중국의 한복판에서 최고급 중국 음식과 우리 음식이 맞붙어서 당당히 어깨를 겨룰 수 있다면 우리 음식은 세계 어디에서도 통할 수 있을 거라는 확신이 들었습니다. 아울러 북경에서 우리 식당의 음식이 인정받는다면 그 음식은 앞으로 한식의 국제 표준이 될 수도 있지 않을까 하는 포부도 가져봅니다. 너무 꿈이 큰가요?

이렇게 말하는 조 회장의 어조와 눈에서는 결의와 확신이 배어 나오는 듯했다. 사실 이런 실험은 기업가가 모험을 감수하면서 할 수 있는 성격의 일이 아닐 텐데, 정부나 관련 부서들의 관리들이 워낙 관심을 갖고 있지 않으니 어쩔 수 없는 일일 것이다. 하지만 반대로 생각하면 기업가가 하니까 죽기 살기로 하지 관리들이 하면 이렇게 주밀하게 규모를 가지고 전심전력을 다할까 하는 의구심도 든다. 이런 사업은 모름지기 기업가처럼 온 힘을 다해서 달려들어야 성공할 수 있을 것이다(그래도 성공하는 경우보다는 실패하는 경우가 더 많다).

나는 다시 북경에 세울 식당 이야기로 화제를 돌렸다.

지금쯤 북경 분점을 내는 일이 많이 진척이 됐을 터인데 분명 여러 우여곡절이 있었을 것 같습니다.

그럼요. 그런 큰 식당을 해외에 하나 낸다는 게 어디 쉬운 일인가요? 우선 제일 시급한 일은 그 식당의 모든 것을 책임질 지배인을 뽑는 것이었습니다. 마침 한 사람을 뽑았는데 그는 중국 동포로서 한국 식당에서 오랫동안 지배인을 해왔던 사람이었습니다. 저는 우선 이 사람을 서울로 불러 우리 식당에서 우리가 개발한 음식을 맛보게 했습니다. 본점의 음식을 제대로 알아야 한다는 취지였죠. 그의 첫 번째 반응은 예상한 바대로 '이건 내가 알고 있는 한식이 아니다'라는 것이었습니다. 그럴 수밖에 없겠지요. 그가 그 전에 내열자기를 봤겠어요, 홍계탕 같은 제가 발명한 음식을 봤겠습니까? 게다가 광주요에서 만든 형형색색의 고급 도자기에 담긴 음식 역시 처음 본 것이었을 겁니다. 그가 처음 본 게 또 있지요. 조선시대의 양반집 주안상처럼 찬 음식과 더운 음식이 차례로 제공되는 코스식 한정식도 처음일 수밖에 없었을 겁니다. 처음에는 모든 게 너무 생소해서 우리 식당의 음식을 어떻게 받아들여야 할지 난감했던 것이지요.

그래서 저는 이 사람으로 하여금 한 3일 동안 유명한 한식당들에 가서 음식을 맛보게 했습니다. 하루에 세 끼 이상 먹는 것이 쉽지 않으니 사흘 동안 돌아다녀도 많은 음식을 맛볼 수 있는 것은 아니었지만 그래도 유명한 한식은 먹어 보려고 노력했습니다. 그런 공부가 있은 끝에 중국에 돌아가기 직전 그는 이렇게 실토를 했습니다. '식당 가온의 한식 메뉴는 한 번도 생각 못한 것이지만 이 정도의 수준이라면 북경에서도 성공할 수 있을 것이다' 라고 말입니다.

그런데 가온의 음식은 중국 음식과 경쟁하는 것이지 한국 음식과 경쟁하는 것은 아니지 않습니까? 잘 알고 있어야 할 음식은 한식이 아니라 중식일 것 같은데요?

맞습니다. 그래서 이 지배인으로 하여금 북경과 상해의 초일류식당인 '천지일가'와 '예 상하이'에 차례로 데려가 음식을 먹게 했습니다. 그랬더니 거기서도 이런 중국 요리는 처음 본다고 하는 거예요. 여태 중국에 살면서 중국의 최고 요리는 접해 보지도 못했던 겁니다.

이 음식들을 맛본 다음 우리 지배인은 이것과도 한 번 맞붙어볼

가온 중국 지점

만하다는 자신감을 갖더군요. 그러나 우리가 한국에서 개발한 음식만 가지고 승부를 보겠다는 것은 아닙니다. 모든 문화는 현지화가 이루어져야 하기 때문에 저는 중국인 조리사도 뽑았습니다. 그리고 그를 우리 식당으로 데려와 중국인 취향과 입맛에 맞는 한식 메뉴를 개발하도록 하고 있습니다. 앞으로 어떤 결과가 나올지 저도 궁금한 게 많습니다.

그 다음 문제는 식당의 인테리어였습니다. 이것 역시 결코 대충할 수 있는 일이 아니었습니다. 음식에 쏟은 정성만큼 실내장식에도 신경을 써야 했기 때문입니다. 그래서 국내 최고의 실내 디자이너 회사 대표들과 북경과 상해의 식당들을 돌면서 답사했고 그 결과를 바탕으로 전략을 짰습니다. 우리의 고객은 중국인뿐만 아니라 북경에 온 외국인들이기 때문에 중국적이면서도 국제적인 디자인이 나와야 합니다. 물론 가장 밑바탕에는 뭔가 한국적인 게 있어야겠지요. 이런 걸 다 충족시키고 나온 실내 디자인은 서울의 본점과는 아주 판이할지도 모르는 일입니다.

우리 식당이 들어설 자리는 북경 중심부에 있는 LG 쌍둥이 빌딩 5층입니다. 우리 식당 맞은편에는 앞에서 잠깐 언급했던 북경 최고 식당인 천지일가가 똑같은 면적으로 들어가게 됩니다. 천지일가는 북경에서 가장 비싼 최고의 음식을 제공하는 곳이기 때문에 중국의 정·재계 명사들이 외국의 최고급 손님들을 접대할 때 반드시 찾는 곳입니다. 그런 식당과 우리 가온이 맞붙게 되었습니다. 그야말로 이 건물 5층에서는 한국과 중국의 고급 요리가 자존심을 걸고 한판 승부를 벌이게 됩니다. 음식의 대결일 뿐만 아니라 문화의 대결이라고 해도 과언이 아니겠습니다. 저는 여기서 반드시 살아남아야 합니다. 그래야만 뉴욕, 파리, 런던, 프랑크푸르트, 모스크바 등에도 우리 식당의 분점이 들어설 수 있기 때문입니다.

대화를 정리하며

정말로 조 회장의 어조는 거침이 없었다. 이제는 가온에서의 대화를 마칠 때가 된 것 같았다. 그런데 이렇게 희망적으로만 끝내는 것은 사태를 너무 안일하게 보는 것 같아 정말 마지막으로 앞으로 풀어야 할 과제에 대해 간단하게 묻고 싶었다.

이제 정말로 대화를 마칠 시간이 되었습니다. 앞으로의 과제를 정리하면서 우리의 대화를 마감하도록 하지요.

좋습니다. 우리 식당의 음식이 한식을 한 단계 올린 '특별한 요리' 혹은 '국제무대에서 경쟁력 있는 한식 요리' 등으로 이름을 얻어가고 있지만 그렇다고 문제가 없는 것은 아닙니다. 여러 문제가 발견되었습니다마는 가장 큰 과제는 뭐니 뭐니 해도 좋은 재료를 고르는 것과 그 재료를 잘 관리하는 방법, 그리고 조리법의 표준화 작업이라고 할 수 있습니다. 누가 뭐라 해도 음식의 맛을 좌우하는 것은 양념이나 조미료보다 좋은 재료입니다.

그런데 재료가 기본적으로 품질이 좋아야 하는 것은 당연한 일이지만 그와 더불어 위생이나 신선도 유지도 중요합니다. 그러려면 산지의 재배에서부터 잘 관리해야 하고 가공, 운반, 보관 등 신경 써야 할 일이 한두 가지가 아닙니다. 고급 재료를 안정적으로 공급하는 체제를 구축하는 문제는 요즘 제가 가장 신경을 많이 쓰고 있는 문제입니다. 중국 같은 경우는 더욱 어려운데, 땅이 워낙 넓어 재료 운송에 문제가 많기 때문입니다. 그래서 앞으로는 많은 종류의 건(乾)재료, 예를 들어 말린 상어 지느러미, 전복, 해삼, 제비집 같은 다양한 건재료를 활용해야겠다는 생각을 해봅니다. 재료가 말라 있지 않으면 중국같이 큰 나라에서는 운반 도중 상할 염려가 많기 때문입니다. 사정이 이러하기 때문에 중국에는 음식을 말리고 푸는 기법이 대단히 발달되어 있습니다. 이런 점은 중국에 진출하면서 많이 배워야 할 것으로 생각됩니다. 이렇게 하면서 우리 한식도 더 발전하는 것이겠죠.

그 다음 문제로는 한식 조리법의 표준화 문제를 들 수 있습니다. 이 문제는 그리 간단한 게 아닙니다. 아마 가장 어려운 문제가 될지도 모르겠습니다. 왜 한국 음식 맛은 손맛에 달려 있다는 말을 많이 하지 않습니까? 그러나 가능한 대로 같은 맛을 유지해야 하는데 그러려면 조리법의 표준화가 이루어져야 합니다. 이전보다는 표준화 작업이 많이 진척됐습니다마는 아직 완전히 정착된 것 같지 않습니다. 그리고 기존의 것은 말할 것도 없고 새로 개발되는 음식들의 이름은 외국인들이 이해하기 좋고 부르기 좋게 만들어야겠다는 생각도 들었습니다. 이 점도 사실 화급한 문제인데 생각처럼 진척이 되지 않는군요.

마지막으로 최 교수의 의견을 듣고 싶군요. 식당을 들러보고 우리가 개발한 음식을 먹은 소감이 궁금합니다. 또 보완해야 할 사항도 눈에 띄겠구요.

조 회장인 갑자기 내게 화살을 돌려 적이 놀랐다. 그날 밤에 느낀 것을 금세 정리할 수는 없었지만 밥값을 하는 의미에서라도 몇 마디는 해야 될 것 같았다. 우선 생각나는 대로 말했다.

회장님에 대한 전체적인 인상은 아주 중요한 전선에서 고독하게 싸우는 야전군 사령관 같다는 느낌이었습니다. 한국 음식의 세계화라는 분야가 굉장히 중요한 것임에도 불구하고 제대로 하는 사람이 없는데, 사실 여기에는 식품영양학을 위시하여 한국학을 하는 교수들에게도 일말의 책임이 있다고 봅니다. 교수들은 앞장서서 우리 문화를 어떻게 하면 세계화할 수 있을까 하는 문제로 그렇게 고심하지 않는다는 이야기이죠.

그러나 그렇게 모든 걸 혼자 하시니까 문화의 역동성을 잃어버릴 수도 있지 않을까 하는 작은 우려가 있습니다. 문화란 다양한 사람들이 오랜 세월 동안 접하면서 그 속에서 나름대로의 생명력을 갖고 진화해 나가는 것인데, 지금은 너무 한정된 사람들만 회장님께서 하시는 일을 접하고 있다는 생각이 듭니다. 회장님처럼 시대를 앞서 나가는 분이 탁월한 것을 제시하고 그것을 극히 소수의 사람만이 즐기고 하는 식으로는 문화의 역동성이 살아나지 않는다는 이야기이죠. 만일 이 식당 같은 게 여럿 있고 많은 대중들이 쉽게 접할 수 있다면 상황은 달라질 수 있다고 생각합니다. 그렇게 되면 그 대중들 사이에서 화학반응이 일어나고 새로운 아이디어가 자꾸 나올 겁니다. 그러면 그 아이디어를 바탕으로 그들이 즐기는 음식문화가 아주 세련되게 바뀔 뿐만 아니라 자꾸 새로운 버전이 나와 스스로 발전해 나갈 수 있을 텐데 지금 이 식당의 경우에는 그런 게 없다는 것이지요.

이런 문화를 즐기는 게 수많은 대중이든 아니면 소수의 부유층이든 일정한 계층이 있어야 문화가 그 계층을 바탕으로 발전하는 것 아니겠습니까? 그 계층 내부의 역학도 있겠지만 그 계층과 또 다른 계층과의 역학 관계에서 새로운 문화가 생겨난다는 것이지요. 그런데 이 식당이 주도하는 새로운 음식문화에는 아직 그런 계층 형성이 되어 있는 것 같지 않습니다. 새로운 문화가 도출되기에는 너무 적은 인원만이 이 문화를 접하고 있다는 것이지요. 그럴 경우 이런 신문화 운동은 사회에 별 영향을 주지 못하고 그냥 사그라질 수도 있습니다. 이 식당에서 두세 시간 있어 본 결과 이 식당이 마치 고립된 섬 같다는 느낌이 듭니다. 사회의 문화를 바꾸려면 소용돌이가 쳐야 하는데 이런 고립 속에서는 힘들지 않느냐 하는 것이죠.

그러나 어떡합니까. 누군가 아는 사람이 먼저 시작을 해야지요. 그게 아무리 고독한 외침이라고 해도 회장님 같은 분들이 자꾸 나와서 잠자고 있는 사회에 대고 외쳐주셔야 사회도 변하는 것 아니겠습니까? 이 식당도 그렇습니다. 어떤 것은 더 세련되게 만들어야겠다는 인상을 받기도 하고 어떤 것에서는 번뜩이는 기지를 느끼기도 합니다. 그러나 대부분은 일찍이 한국에서 보지 못하던 것들입니다. 아직 완결된 결정판이 나온 것은 아니지만 계속 발전해 나가면서 뭔가 이 식당만의 색깔이 강하게 나올 거라는 느낌을 받았습니다. 그래야 한국 사회에서 일정한 흐름을 형성하고 사회를 바꿀 수 있습니다. 회장님은 이 식당을 창립하면서 그 방향으로 한 걸음을 옮기셨지만 큰 한 걸음을 옮기신 것 같습니다.

여기에서 가온에서의 대화는 끝이 났다. 그런데 음식에만 초점을 맞추느라 빠트린 게 있다면 세면대 같은 것들이다. 밥 먹는 중간에 측실(側室)에 가보니 세면대를 도자기로 만들어 놓은 것을 발견할 수 있었다. 백자 형식인 것 같았고 안에 그려진 꽃문양도 좋았다. 도자기 회사가 만든 식당이라 다르긴 다르다고 했는데 이런 것 하나하나가 전 식당의 품격을 높여주는 것이리라. 음식이 잔뜩 들어가 부른 배와 새로운 이야기를 너무 많이 들어 충만하기 짝이 없는 머리를 간직한 채 밖으로 나오니 밤이 깊숙이 들었는데, 바로 건너 도산공원이 있어 밤공기가 더욱 찬 것 같았다.

세면대

음식과 술은 실과 바늘처럼 떼려야 뗄 수 없는 관계에 있습니다. 음식을 먹으면 당연히 술이 따라갑니다. 음식, 그릇, 술, 이 세 가지는 하나의 문화 단위라고 생각해왔습니다. 우리의 음식과 가장 어울리고 우리의 입맛에 맞는 술을 찾아 헤멨는데 이미 우리 선조들이 답을 갖고 있었습니다. 그렇게 해서 700년 우리나라 역사에서 단절되었던 증류식 소주를 새롭게 개발하게 된 것입니다.

새로운
술을
만들다

새로운 술을 만들다

우리는 밥을 먹을 때 조 회장이 개발한 소주를 마셨다. 그때부터 술에 대한 대화를 하고 있었지만 아무래도 술은 그 중요성 때문에 따로 다루어야 할 것 같아 이렇게 술에 대한 이야기만 모아서 서술하겠다.

전복갈비찜을 먹을 때쯤 종업원이 예쁘게 생긴 술병을 가져왔다. 병 겉면에는 '화요(火堯)'라는 라벨이 붙어 있었다. 이게 그동안 말로만 듣던 새로 만든 소주구나 하는 생각이 들었다.

이게 회장님이 개발하신 소주군요. 말로만 듣다 이렇게 만나니 반갑네요. 그보다 우선 맛부터 봐야겠습니다. 술은 마시라고 있는 것 아닙니까.

나는 체면 불구하고 술맛이 하도 궁금하여 조금 따라서 먹어 보았다. 그런데 생각했던 것과는 달리 아주 센 소주 맛이었다. 아무 것도 가미가 안 된 담백한 맛이었다. 담백한 것은 좋은데 너무 센 것이 아닌가 하는 생각이 들었다.

어휴 회장님, 이거 꽤 세네요. 도수가 얼마나 됩니까?

우리 소주는 현재 두 종류가 나오고 있습니다. 약한 것으로는 25도짜리가 있고 센 것으로는 41도짜리가 있습니다. 지금 나온 것은 41도짜리라 조금 셀 수도 있습니다. 술이 너무 세면 얼음을 넣어서 온더락스(on the rocks)로 마시는 것도 한 방법입니다.

조 회장의 그 말에 바로 술잔에 얼음을 넣고 잠시 기다렸다가 다시 마셔보았다. 그랬더니 아주 부드러워져 목으로 넘기기도 쉬웠고 맛도 훨씬 나아졌다. 그야말로 '소주 온더락스'였다.

술에 얼음을 넣으니 훨씬 좋아졌습니다. 그럼 이제 본격적으로 이 소주에 대해 이야기를 나누어볼까요? 우선 이름을 화요라고 한 것부터 궁금합니다마는, 순서상 그보다 왜 술을 개발하게 됐는가부터 설명을 해주십시오.

내가 새로운 술을 개발해야겠다고 생각한 건 이 식당을 만들기 전부터였습니다. 음식과 술은 실과 바늘처럼 뗄래야 뗄 수 없는 관계에 있습니다. 음식을 먹으면 당연히 술이 따라갑니다. 술이 좋은 것은 여러 이유가 있습니다. 우선 술은 식욕을 돋우고 소화를 돕는 일을 합니다. 물론 적당히 마셨을 때 그렇다는 겁니다. 뿐만 아니라 술은 사회친화적인 기능도 많습니다. 익히 아는 것처럼 술은 식탁에 모인 사람들 사이를 돈독하게 하고 전체 분위기를 부드럽게 만들어줍니다. 술에는 이런 여러 가지 순기능이 있기 때문에 우리 조상들은 집집마다 술을 빚어 밥 먹을 때 약간씩 반주로 곁들이는 전통을 만들었고 관혼상제를 할 때에도 반드시 술을 중요하게 사용했습니다. 또 절기마다 먹는 음식에도 그와 어울리는 술을 꼭 곁들였습니다.

이것은 외국의 경우도 마찬가지입니다. 지금 전 세계적으로 각광을 받고 있는 음식을 내놓은 민족들은 그 음식과 걸맞은 고유의 술도 같이 내놓고 있습니다. 이것은 너무 뻔한 일이라 예를 들 것도 없습니다마는 이해를 돕기 위해 몇 가지만 들어 보지요. 서양 음식을 주도하고 있는 프랑스인과 이탈리아인이 포도주와 코냑을 즐긴다는 것은 거의 상식에 속합니다. 그런가 하면 영국인은 위스키를 즐겨 마십니다. 우리에게 제일 익숙한 위스키가 자니 워커나 시바스리갈 같은 스카치위스키 아닙니까? 스카치란 스코틀랜드를 말하니 이 위스키는 원산지가 스코틀랜드라는 것을 알 수 있습니다.

그리고 독일인하면 당연히 맥주가 떠오르지요? 또 러시아 하면 보드카가 떠오르고 멕시코 하면 테킬라가 생각납니다. 너무 서양만 이야기하는 것 같은데 우리 이웃인 일본을 보면 보통 정종(正宗)이라 불리는 청주를 많이 마시고 중국에서는 우리의 증류식 소주와 비슷한 백주(白酒)를 많이 마십니다. 일본 사람들이 좋아하는 정종은 사실 상표 이름이지 술 종류를 말하는 것은 아니라는 것 정도는 아실 겁니다.

회장님 잠깐요! 말씀하시는 데 죄송합니다마는 우리가 중국집에 가면

700년 만에 나타난 새로운 소주 화요와 정병, 그리고 방울잔

왜 '배갈'이라고 하면서 시켜서 먹는 중국 술 있지 않습니까? 그것과 백주는 무슨 관계인가요?

나는 항상 이 '배갈'이라는 단어의 정체가 궁금했는데 이 참에 술을 잘 알고 있을 조 회장을 통해 해답을 듣고 싶었다.

아 그거요. 배갈이라는 것도 술의 종류를 지칭하는 것이 아니라 백주의 한 종류이죠. 만주나 중국의 화북 지방에서 나오는 고량(高粱), 즉 수수를 원료로 만든 술을 백간(白干) 혹은 백건아(白乾兒)라고 합니다. 배갈은 백건아의 중국 발음, 즉 빠이가알에서 비롯된 것으로 생각됩니다. 중국어 발음이 정확한 건지는 잘 모르겠습니다마는, 어떻든 이 술이 우리나라에 들어오면서 우리식으로 간편하게 바뀌어 배갈 혹은 빼갈로 불린 것은 확실합니다. 이렇게 술 이야기도 한이 없습니다. 계속하지요.

그런데 항상 그런 것은 아닐지라도, 민족 고유의 술은 그들의 음식이 세계화되면서 함께 세계화되는 경우가 많았습니다. 중국 음식이 전 세계로 뻗어나가자 덩달아 마오타이 같은 고량주가 유명해졌습니다. 물론 마오타이는 닉슨이 미국 대통령으로는 중국에 처음 갔을 때 모택동과 건배한 술이기 때문에 유명해진 것도 있지요. 그리고 일본의 스시와 사시미가 고급 음식이 되면서 일본 술 정종도 많이 알려지게 됩니다. 포도주 같은 경우는 말할 것도 없지요. 이런 의미에서 우리 음식이 세계화에 성공한다면 우리 술도 같이 세계로 나아가리라는 것을 확신합니다.

　제가 새로 술을 만든 이유는 이렇듯 자명합니다. 저는 항상 음식, 그릇, 술, 이 세 가지는 하나의 문화 단위이기 때문에 어느 하나도 따로 갈 수 없는 한 짝(set)이라고 생각해 왔습니다. 이 세 요소가 하나가 되어 조화를 잘 이루어야 하는데 우리에게는 맞는 술이 없었습니다. 제가 그동안 전 세계에 산재되어 있는 유명한 식당을 '순례'하면서 그야말로 각양각색의 술을 마셔봤지만 내 입과 우리 음식에 맞는 그런 술은 발견할 수가 없었습니다. 흔히들 우리 음식을 먹을 때 고급으로 하는 경우 양주나 포도주를 마시는데 제가 보기에는 너무 부자연스러웠습니다.

한국 술의 역사

　우리 주위에는 '산'이니 '참이슬'이니 하는 소주부터 해서 많은 민속주들이 있는데 그런 것은 왜 안중에도 두지 않는지 궁금했다.

　회장님, 우리에게도 술이 없는 게 아니지 않습니까? 삼겹살 먹을 때 항상 먹는, 그래서 국주(國酒)라고까지도 할 수 있는 소주가 있지 않습니까? 저도 소주가 그렇게 좋은 술이 아니라는 것은 알지만 전혀 언급이 없으시니 이상합니다.

좋은 지적입니다. 최 교수님도 지금 여염(閭閻) 식당에서 많이 먹고 있는 소주가 어떤 술이고 어떻게 생긴 것인지 그 내력을 아시지요? 단도직입적으로 말해서 지금 시판되고 있는 소주들은 소주의 주정(酒精)에 물을 타서 만든 화학주입니다. 그래서 희석식(稀釋式) 술이라고 하는데 만드는 과정이 복잡하지 않아 값이 싸기 때문에 누구나 마시는 술이 됐습니다. 문제는 이때 쓰는 주정인데 이 주정은 전통 소주를 만들 때처럼 쌀이나 수수로 만든 것이 아닙니다. 사탕수수 같은 것에서 추출하는데 이것을 보통 당밀(唐蜜)이라고 부르지요. 이 당밀이 약 95%나 되는 알코올 농도를 갖고 있다고 하는데 이것을 가지고 연속식 증류기를 이용해 에틸 알코올을 추출하는 것입니다. 그리고 여기에다가 물을 타서 도수를 맞추어서 병에

백화주
여러가지 약재와 꽃들을 말려 넣어 담근 술로,
가양주의 일종이다.

담으면 끝나는 것입니다.

우리나라는 사탕수수가 나지 않기 때문에 고구마를 대신해서 썼는데 이렇게 해서 최초로 나온 소주가 몇 도였는지 아십니까? 30도였죠. 그러다 25도로 내려와 한동안 지속되더니 지금은 차츰 차츰 떨어져 21도에까지 도달했습니다. 독한 걸 싫어하는 사람들의 세태를 알 수 있습니다. 희석식 소주는 무엇보다도 비용이 많이 안 들어가므로 값이 싸다는 이점이 있고 도수를 정확하게 맞출 수 있다는 이점이 있습니다. 그러나 술의 본령이라 할 수 있는 증류 과정을 거치지 않은 화학주이다 보니까 여러 가지 감미료가 들어가고 이런 것들 때문에 아무래도 정통 술보다는 부작용이 많이 따르게 마련이지요. 술을 과하게 마신 다음날 머리를 더 아프게 할 수 있지요.

그렇기 때문에 30도짜리 소주가 처음 나왔을 때에는 별로 환영을 받지 못했습니다. 사실 그걸 누가 먹겠습니까? 그런데 박 정권 시절인 1965년 쌀을 아낀다는 명목으로 순곡주 금지령이 내려지면서 더 이상 재래식 소주를 만들 수 없게 됩니다. 그래서 국민들은 하는 수 없이 희석식 소주를 마시게 됩니다. 게다가 소주가 안 되면 막걸리라도 마실 만한 게 나오면 좋았으련만 막걸리도 곡식을 쓰지 못해 질이 굉장히 떨어집니다. 그럴 수밖에 없는 것이 쌀은 쓸 수 없으니까 외국서 수입한 질

청주(왼쪽),
막걸리(오른쪽)
거르는 모습

낮은 밀가루나 옥수수로 막걸리를 만드니 맛이 안 좋은 막걸리만 나오게 되고, 결국 국민들은 싼 희석식 소주에만 매달리게 됩니다.

제가 알기로는 우리 술이 이렇게 없어진 건 반드시 1965년의 순곡주 제조 금지령 때문만이 아니라 일제시대부터 그 이유를 찾아볼 수 있다고 하는데 그렇지 않은가요?

맞습니다. 사실 이미 일제시대부터 한국 술은 거의 사라져버립니다. 일제 때 대규모로 양조업체가 생기면서 소규모로 술을 만들던 한국인들은 다 몰락하게 됩니다. 뿐만 아니라 주세를 강하게 매겼기 때문에 작은 술 공장들은 남아날 수가 없었죠. 그것만이 아니죠. 아주 강력한 밀주 단속을 벌여 각 가정에서 만들던 술들도 자취를 감추게 됩니다. 그 사정은 해방이 되어도 그렇게 달라지지는 않았죠. 밀주 단속은 계속되었으니까요.

내가 또 맞장구를 쳤다.

맞아요. 제가 어렸을 때인 1960년대에는 시골서 몰래 담근 막걸리라면서 시골 사는 친척이 가지고 올라온 것을 본 기억이 납니다. 그러면서 '걸리면 큰일 난다'고 쉬쉬했지요. 어떻든 이제 다시 전통주가 만개하는 시대가 도래했습니다. 이렇게 된 사정을 조금 짚어주시지요.

사정이 조금 풀리게 된 것은 1980년대에 들어와서입니다. 정부의 지나친 간섭 때문에 우리 고유의 술이 사라지고 있다는 것을 뒤늦게 알아챈 정부는 1986년의 아시안게임과 1988년의 올림픽을 앞두고 술정책을 바꿉니다. 이른바 '일도 일민속주(一道 一民俗酒)' 정책이죠. 이것은 한 도에 민속주를 하나씩 지정해서 재래의 술을 살려내겠다는 정책을 말합니다. 그 결과 나오는 게 바로 지금 우리가 접하고 있는 안동 소주 같은 것입니다. 물론 부작용도 적지 않았습니다마는 이제 전통주 시장이 만개해서 수많은 종류의 술이 쏟아져 나오고 있습니다. 제가 알기로는 전통주 시장의 규모가 1조 원 정도 된다고 하니 대단한 것이지요.

지금은 정말로 종류를 다 알 수 없을 만큼 전통주들이 쏟아져 나오고 있습니다. 그런데 정작 제대로 팔리고 맛도 괜찮은 술은 많지 않은 것 같습니다. 아마 그런 의미에서 회장님께서 '정작 한식과 잘 어울리는 술이 없다'고 말씀한 것 아닌가 싶은데요. 회장님이 증류식 소주야말로 그

대안이라고 생각하신 데에는 어떤 역사적 배경이 있을까요?

아까 말씀드린 대로 저는 우리 음식과 가장 어울릴 만한 술을 찾아보았는데 해답은 이미 우리 선조들이 갖고 있었더군요. 우리 선조들이 가장 많이 마셨던 술이 무엇입니까? 막걸리와 청주와 소주입니다. 이런 전통은 고려 말에 정립되는데, 아시다시피 소주가 몽골에서 들어와 정착되었기 때문입니다. 막걸리와 청주는 이전부터 많이 마시던 거니까 설명 드릴 필요가 없겠지요. 쌀과 누룩 같은 재료를 가지고 어떻게 걸러내느냐에 따라 청주도 되고 막걸리도 되니 말입니다. 제가 일단 주목한 건 소주입니다. 그 이유는, 지금 전 세계의 술 가운데 40도짜리가 가장 각광을 많이 받기 때문입니다. 위스키나 코냑, 보드카, 고량주 등이 모두 40도 아닙니까? 40도를 지닌 우리 술을 찾으려면 당연히 소주 아닙니까?

소주에 대해서는 조금 그 역사를 봐야 합니다. 우리나라 사람들이 소주를 하도 많이 마시니까 소주가 우리 고유의 술이라고 착각하기 쉬운데, 아시다시피 소주는 고려 말에 몽골 지배 때 들어온 것이지요. 물론 그때 들어온 술은 지금 우리가 많이 마시는 희석식 소주가 아니라 증류식 소주입니다. 대표적인 것은 지금도 시판되고 있는 안동 소주이지요. 고려 말 안동에는 몽골의 병참 기지가 있었다고 해요. 몽골군은 말을 타고 소주를 마시고 다녔다고 하니까 군대가 있는 곳에서 소주를 만든 것은 당연한 일이겠죠. 그것이 정착되어 안동에서 좋은 소주가 나오게 되었던 것입니다. 사실은 안동 말고도 개성이나 제주도에도 몽골군이 주둔해 있었는데 이 지역에서도 소주를 만들어 먹었다는 기록이 남아 있습니다.

그런데 소주는 귀한 쌀을 써야 하고 한 번에 많이 만들 수도 없어 매우 비쌌습니다. 따라서 귀족들이나 마실 수 있었죠. 사정은 조선에 들어와서도 마찬가지였습니다. 술 만드는 데 귀한 쌀을 써야 하니까 종종 금지했는데 별 실효가 없었다고 합니다. 12~13도밖에 안 되는 청주보다 40도짜리 소주가 훨씬 취하는 데에 좋았을 겁니다. 비싸니까 약처럼 생각하고 작은 잔에 먹게 되어서 풍속에 작은 잔은 아예 소주잔이라고 불렀다는 기록도 있습니다. 가끔 호기 부리기를 좋아하는 어떤 사대부들이 여름에 큰 잔으로 소주를 마시다가 죽는 일도 꽤 있었다는 기록이 있습니다. 여름에 독한 술을 갑자기 많이 먹으면 급사할 수도 있지요. 조선조 때 영조가 지배하던 시대를 제외하고는 술 금지령이 잘 안 지켜졌다고 합니다. 특히 양반은 소주를 약이라고 하면서 먹으니 처벌 못하고 애꿎은 평민들만 단속에 걸렸다고 하니, 힘없는 사람들은 예나 지금이나 고달픕니다.

술 이야기는 언제나 재미있습니다. 말씀하신 것처럼 소주를 약이라고

규합총서
빙허각 이씨가 쓴 가정생활 대백과사전으로, 저술 내용과 형식이 뛰어
나다. 이 책에는 음식 조리법만 아니라 음식 철학도 제시되어 있어 여
성 사대부의 품격을 엿볼 수 있게 한다.

하면서 마시던 게 지금 우리가 술을 약주라고 부르는 것과 관계가 있을
것으로 생각됩니다. 그런데 좀더 정확하게 보면 우리는 청주를 가리켜
약주라고 하지요? 청주를 약주라고 부르게 된 배경에 대해서는 몇 가지
설이 있는데 제가 듣기에 가장 설득력 있는 것은 다음과 같습니다. 태종
대왕 때 큰 가뭄이 들자 약재(藥材)를 넣은 술을 제외하고 모두 금지하
는 조칙을 내립니다. 그러나 양반들은 그네들이 많이 마시던 청주를 약
주라고 부르면서 계속 마십니다. 그 때문에 일반 서민들은 양반들이 먹
는 술은 모두 약주라고 불렀다는 설이 바로 그것입니다.

　그리고 회장님께서는 우리 술의 기본이 막걸리, 청주, 소주라 하셨는
데 제가 그동안 음식 공부를 하면서 옛 문헌들을 정리한 것을 보니 술에
도 종류가 굉장히 많이 있더라구요. 예를 들어 『규합총서(閨閤叢書)』라

는 가정 대백과사전을 쓴 빙허각(憑虛閣) 이 씨의 시동생인 서유구가 쓴 『임원십육지(林園十六志)』를 보면 술 종류가 170여 개나 나옵니다. 대단한 양이죠? 지금 우리나라에 수도 없이 다양한 전통주가 생겨나는 것은 아마 나름대로 이때 있던 술에 근거해서 만들어 내고 있기 때문인 것 같습니다. 그러나 그렇게 술이 다양하다고 해도 기본적으로는 막걸리와 청주 그리고 소주를 변형시킨 것입니다.

이 정도면 우리나라의 술 역사는 대충 본 것 같습니다. 이제는 회장님이 만드신 소주에 대해 이야기하는 순서가 남았습니다. 우선 그 이름을 화요라 하셨는데 매우 독특한 이름이라 그 의미가 궁금합니다. 소주 이름부터 설명해 주시지요.

새로 탄생한 한국의 소주, 화요(火堯)

네, 글자로만 보면 이것은 소주의 燒자를 파자(破子)한 것입니다. 소주라는 게 불을 가지고 증류하는 술이니 '소' 라는 글자에 불 화 변이 들어간 것이겠죠. 저는 이 불을 더 살리기 위해 이 글자를 아예 떼어낸 것입니다. 증류식 소주를 만들 때 가장 핵심이 되는 과정은 누가 뭐래도 증류 공정입니다. 이때 불을 어떻게 다루냐에 따라 소주의 맛과 향이 결정되기 때문에 불의 중요성은 아무리 강조해도 지나치지 않습니다. 불이 이다지도 중요하기 때문에 한 글자로 따로 떼어낸 것입니다.

그럼 요는 무엇일까요? 이것은 중국의 전설적인 성군인 요임금을 지칭할 때에도 쓰는 것인데, 여기에는 높고, 멀고, 귀하다는 뜻도 있습니다. 그러니 화요란 '불로써 다스려진 존귀한 것'이라는 뜻이 됩니다. 그런데 우리는 한 걸음 더 나아가 요 자를 더 분해해 볼 수 있습니다. 흙 토(土) 글자가 세 개나 들어가 있죠? 흙이란 물과 불과 더불어 가장 근원적인 것이 됩니다. 특히 우리 회사에서 만드는 그릇의 기본 원료가 흙 아닙니까? 그런 의미에서 제가 개발한 이 화요란 술이 이 세상에 없어서는 안 될 근원적인 것이 되고자 하는 마음에서 이렇게 작명을 해본 것입니다.

대단하시네요. 이렇게 풍부한 상징을 생각하면서 이름을 짓되, 기존에 있던 이름을 조금만 바꿔서 이렇게 풍부하게 만들어냈다는 게 신기합니다. 지레 드는 생각은, 이 소주는 일반 대중이 아니라 상류층을 겨냥한 것이라 이름까지도 고급화하지 않았나 하는 생각을 해봅니다.

잘 보셨습니다. 어떻든 나는 앞으로 우리나라 술 시장의 선호도가 증류식 술로 갈 것으로 생각해서 이 소주를 개발한 것입니다. 술 가운데에서 증류식은 가장 정통적인 술입니다. 많은 인류들이 이 방법으로 술을 먹었으니까요. 지금까지의 술 시장을 보면 이른바 정통술이라고 할 수 있는 것들은 부침(浮沈)이 없이 사람들의 사랑을 받아 온 것을 알 수 있습니다. 가령 위스키나 막걸리, 맥주, 혹은 소주 같은 정통주들은 한번도 부동의 자리를 넘겨준 적이 없습니다. 그에 비해 약재를 넣어 만든 술처럼 — 예를 들어 복분자주나 가시오가피주 등 — 여러 가지 변형주들은 유행을 타고 명멸을 거듭했습니다.

이렇게 볼 때 소주는 대표적인 정통주 자리에서 한 번도 밀려난 적이 없습니다. 이런 의미에서라도 앞으로 증류식 소주가 유행할 것이라는 진단을 해보는 것입니다. 또 경제 사정도 자꾸 나아지고 있기 때문에 앞으로 우리 국민들도 희석식 소주보다는 서서히 증류식으로 기울 것이라고 생각합니다. 이것은 일본의 예를 보아도 알 수 있습니다. 그런데 다행히 1991년부터는 소주를 만들 때에도 쌀을 사용하는 것이 허용되어, 1965년 이래로 거의 단절되었던 증류식 소주를 만들 수 있게 되었습니다. 그래서 저는 조금 과장일지 모르지만 이렇게 말합니다. '700년 우리나라 소주 역사에서 단절되었던 30년! 그 공백을 화요가 메우려고 합니다' 라고 말입니다. 물론 80년대 이래로 안동 소주 같은 전통 소주가 나오긴 했지만 이렇게 좀더 과학적인 방법으로 공장에서 대량생산하는 것은 저희 술이 처음이라 이렇게 외쳐본 겁니다.

그래서 저는 2004년 초에 화륜주가(華輪酒家)라는 소주 회사를 경기도 여주에다가 세우고 그 공장에서 전통 소주 재현에 뛰어 들었습니다(지금은 회사 이름을 화요로 바꾸었다 — 지은이). 이 공장에서는 150m 내지 200m 속의 지하에서 암반수를 꺼내 쓰고 주 재료인 쌀은 옛날 조선조 때 왕실에 진상됐던 이천미와 여주미를 쓰고 있어 재료 면에서 나름대로 큰 차별화를 이루고 있습니다. 그리고 증류식 소주에 남아 있기 쉬운 탄 맛을 없애기 위해 새로운 증류법도 도입했습니다. 이렇게 하기를 몇 개월이 지나서 2004년 9월 드디어 25도짜리와 41도짜리 소주를 만들어냈습니다. 이 날은 아마 우리나라 소주사를 다시 쓰는 날로 기억되어야 할 것입니다. 우리나라에서 증류식 소주가 본격적으로 다시 시작하는 날이었기 때문입니다. 저는 먼저 우리 식당에서 이 소주를 선보여 봤습니다. 그랬더니 대부분 한식과 잘 어울리는 짝이 될 것 같다는 평을 얻었습니다. 출발이 좋았던 겁니다.

회장님, 지금 너무 많은 이야기가 나와서 차근차근 갈 필요가 있을 것 같습니다. 물론 제일 궁금한 건 소주를 어떻게 만드느냐에 관한 것입니다. 그러나 그것은 공장에 직접 가서 기계들을 직접 보면서 듣는 게 나을 것 같으니 여기서는 안 여쭙겠습니다. 다음 질문은 25도 소주에 관한 것입니다. 처음에는 40도 소주만 말씀하셨는데 지금은 25도짜리가 나왔거든요? 25도 소주를 만드신 데에는 어떤 특별한 뜻이 있나요?

이왕이면 다양한 술이 나왔으면 해서 그런 것인데, 40도짜리는 그냥 먹기에 독하다는 사람들도 있었고 또 온더락스를 항상 할 수 있는 것도 아니고 그래서 아무것도 타지 않고 먹을 수 있는 소주를 개발하다 보니까 그렇게 됐습니다. 왜 시중 소주가 21도 아닙니까? 그것과 같이 가려는 생각도 있었고 이웃인 일본의 추세를 보니까 소주는 25도짜리가 인기가 있더라구요. 그래서 아마 우리나라도 25도짜리가 잘 팔릴 것이라고 생각한 것이지요. 또 가격도 40도짜리보다는 반값이니까 먹는 사람들도 그만큼 부담이 없을 것으로 생각한 거예요.

지금 25도짜리를 먹어 보니 시중에서 많이 파는 희석식 소주보다 훨씬 담백하군요. 또 알코올 냄새도 훨씬 덜해서 독한 술이라는 느낌이 잘 안 듭니다. 목구멍으로 넘어갈 때의 감촉도 좋습니다. 독한 줄 모르고 먹다가 금방 취하는 것 아닌지 모르겠어요. 병도 멋있게 생겼습니다. 조금 투명한 우윳빛으로 되어 있어 벌써 고급 냄새가 납니다.

그리고 40도짜리는 병 모습이 훨씬 고급스럽습니다. 병이 아주 단단하고 꽉 차게 보입니다. 또 유리 색깔도 투명한 갈색이라 은은함을 풍기고 있어 좋습니다. 한 가지 확실한 것은 병만 봐도 저 안에 든 술이 고급

일 거라고 쉽게 알 수 있으리라는 것입니다. 그리고 이전에 나오던 안동 소주 같은 민속주에서 쓰던 병하고는 많이 다르군요. 민속주에서는 조선 시대에 쓰던 술병을 모방해서 병을 만들었는데 이 병은 전통 것과는 전혀 다르고 오히려 위스키 병의 모습에 가깝습니다.

"시중에서 팔 때에는 이 병을 원통형의 케이스에 넣어서 파는데 바로 이것입니다"라고 하면서 조 회장은 옆에 있는 케이스를 들었다. 그것 역시 깨끗하고 충분히 고급스럽게 보였다. 일전에 어떤 스카치위스키도 거의 같은 통에 넣어 파는 걸 보았는데 이 케이스도 고급화를 노린 것이 분명했다.

잘 알겠습니다. 이 병을 만들 때는 그다지 전통과의 연관성을 염두에 두신 것 같지 않습니다. 위스키 병처럼 보이니 말입니다. 그러나 그렇다고 전통과 아주 결별하시려고 했던 것도 아닌 것 같습니다. 정병과 방울 잔을 다시 만드셨으니 말입니다. 이 병과 잔은 박물관에서 본 기억이 납니다마는 확실히 어떤 것인지 잘 모릅니다. 설명 좀 해주시지요.

전통과 결별하겠다는 생각은 처음부터 없었습니다. 전통 속에서

화요 병(41도)

화요 병 (25도)

좋은 것이 있으면 얼마든지 되살려 쓸 수 있는 것 아니겠습니까? 그런데 우리 전통에는 훌륭한 것이 너무나 많습니다. 그중 하나가 바로 이 정병과 방울잔입니다. 우선 이 병을 보십시오. 얼마나 아름답습니까? 이것은 고려시대 때 쓰던 것인데 원래는 깨끗한 물을 담아 부처님께 바치는 공양수를 담아 놓던 병이었습니다. 그런데 모습이 참 재미있을 뿐만 아니라 조금 이상하죠? 목이 긴데 목의 끝 부분은 좁고 병인데도 불구하고 주전자처럼 주둥이가 있단 말입니다. 어떻게 보면 병이고 어떻게 보면 주전자인 게 좀 이상하다는 거죠. 최 교수님, 이 병을 어떻게 쓰는지 아십니까? 이 병은 주둥이로 물을 넣고 목으로 붓는 특이한 병입니다. 그래서 목 위의 끝부분을 주구(注口)라고 부른답니다.

그런데 이 병은 후대로 오면 절에서만 쓰인 게 아니라 사가(私家)에서도 많이 쓰이게 됩니다. 고려시대의 생활을 알 수 있게 해주는 귀중한 자료인 서긍의 『고려도경』을 보면, 고려인들이 이 병을 일반 생활용구로도 많이 사용했다는 기록이 나옵니다. 그런데 여기 앞에 있는 자기로 된 정병이 아니라 금속으로 만들어서 사용했다고 전하고 있습니다. 일반 사가에서는 여기에다가 물을 넣어 사용하기보다는 술을 넣어 썼을 것으로 추정해봅니다. 제가 이 병을 고른 것은 소주가 우리나라에 들어온 때가 고려시대이니까 당시의 병 가운데 아름답고 의미 있는 것을 골라본 것입니다.

그 다음에 이 방울잔 역시 아주 훌륭하면서도 재미있는 잔입니다. 잔 밑에 굽이 있지요? 이 안에다가 흙으로 만든 방울을 넣습니다. 그래서 술을 마시려고 하면 이 방울 소리가 먼저 납니다. 그러니까 소리로 먼저 마시고 맛을 음미하게 하는 정말로 멋진 잔입니다. 이런 컨셉의 잔은 가야 왕실에서 많이 쓰던 것이었습니다. 그런데 형태는 조금 다릅니다. 형태는 보물 626호로 되어 있는 신라의 금제영락부고배(金製瓔珞附苦杯)의 모습을 본떠서 만든 것입니다.

정말로 아름다운 병에 훌륭한 잔입니다. 저는 개인적으로 이 전통적인 것이 더 좋습니다. 이런 병에다가 술을 담아서 이 잔에 따라 먹으면 스스로 고귀해지는 느낌을 받을 것 같습니다. 회장님, 이렇게 해서 술에 대한 개괄적인 이야기는 다 된 것 같습니다. 이제는 공장에 가서 기계들 앞에서 직접 소주가 어떻게 만들어지는지 설명을 들으면 좋겠습니다. 어서 빨리 공장에 가고 싶어 기대가 많이 됩니다.

나의 제안에 우리는 바로 술 공장 방문 날짜를 잡았다. 그리고 다시 음식 이야기를 하면서 소주를 마셨다. 어떨 때는 방울잔에 먹어 보기도 하고 어떨 때는 유리잔에 온더락스로도 마시고 다양하게 마셔봤는데 정취야 방울잔에 마시는 게 좋았지만 마시기에는 얼음을 타서 아주 차게 마시는 게 제일 좋았다. 그동안 양주를 온더락스로 마시던 게 관습으로 남아서 그런지 아니면 독한 술은 차게 해서 먹는 게 좋아 그런지는 잘 가늠이 서지 않았다. 번갈아 마시는 통에 술이 꽤 올라오는 것도 모르고 나중에 보니 술병이 많이 비어 있었다.

새로운 술이 만들어지는 과정

나는 하루라도 빨리 술이 만들어지는 현장을 보고 싶어서 술 공장 가는 날을 일찍 잡았다. 이때껏 술을 마시기만 했지 만들어지는 모습은 어릴 때 집에서 소량으로 만들던 것 말고는 본 적이 없었다. 그것도 막걸리를 만드는 것이었지 소주, 더군다나 증류식 소주를 만드는 것은 볼 수가 없었으니 당연한 일이었다. 요즘도 가장 많이 마시는 술은 소주 — 비록 희석식 소주이지만 — 인데 그 소주 만드는 현장을 보지 못했다는 것은 그야말로 어불성설이라, 이런 기회가 온 것이 그렇게 반가울 수가 없었다.

그런 생각이 여러 번 교차하는 중 이천 나들목이 나와 그곳을 빠져나와 장호원 쪽으로 향했다. 약도에 나타난 대로 화요를 만드는 공장에 도착하니 저쪽 공장 방향에서 두 사람이 걸어 나왔다. 가까이 가보니 조 회장과 이 공장을 관장하고 있는 문세희 전무라는 분이었다. 문 전무는 처음 만나는 분이라 서로 통성명을 하고 반갑게 인사한 다음 공장으로 들어갔다.

최 교수님, 오시느라 수고가 많았습니다. 오늘 공장 안내는 여기 문 전무님이 맡아주실 겁니다. 문 전무는 지금까지 25년 이상을 소주 회사에서 근무했기 때문에 소주에 관한 한 베테랑 가운데 베테랑입니다. 공정을 보시고 나서 저하고 우리의 대화를 총정리하는 것으로 우리 만남의 대미를 장식하지요.

문 전무를 따라나서면서 나는 속으로 쾌재를 불렀다. 드디어 내가 몇

깨끗하게 정리되어 있는
화요의 술공장 내부 전경

십 년을 먹었던 소주의 정체가 밝혀지는 순간이기 때문이었다. 그런데
공장에 들어서자 다소 실망감을 감출 수가 없었다. 술 공장이라면 조금
지저분하기도 하고 술 냄새도 나고 그럴 것으로 상상을 했는데 너무 깨
끗하고 아무 냄새도 안 났기 때문이었다. 그저 쇠로 만든 큰 통들만 여
러 개 있어, 그 안에서 무슨 일이 있는지 알 수가 없었다. 물론 문 전무
의 설명이 시작되자 그런 궁금증들이 곧 풀리긴 했다. 여기서 소주 만드
는 법을 일일이 다 말할 필요는 없을 것이다. 그 과정을 간단히 약술하
고 특기할 만한 사항이 있으면 상술하도록 하겠다.

　여기 있는 이 통은 쌀을 받아서 이물질들을 제거한 다음 저 위에 있
는 통으로 쌀을 올리게 됩니다. 술을 만드는 과정은 저 위에서부터 시작

이 됩니다.

문 전무의 설명이 시작되었다. 쌀 이야기가 나와 나는 곧 문 전무께 물었다.

전무님, 얼마 전에 회장님 말씀이 여기서는 최고급 여주미나 이천미만 쓴다고 했는데 정말 그런가요?

그 말을 듣자마자 문 전무는 나를 바로 옆에 쌀이 쌓여 있는 곳으로 데려갔다. 거기에는 쌀이 부대로 쌓여 있었는데 정말로 곁에 '여주쌀- 임금님께 진상하던 쌀'이라고 쓰여 있었다. 정말로 진상하던 쌀인지 아닌지는 알 수 없지만 좋은 쌀인 건 확실하다고 했다.

이렇게 좋은 재료를 쓰는 건 물론 좋지만 재료비가 너무 들어서 좀 곤란합니다. 사실 술을 만들 때 쌀의 단백질은 필요 없는 것이거든요. 필요한 건 전분인데 이것을 포도당으로 만드는 거라 굳이 좋은 쌀을 안 써도 됩니다. 실제로 일본에서는 쌀을 반을 깎아서 전분 있는 부분만을 씁니다. 그러나 우리 회장님은 워낙 모든 것을 고급으로 하시니까 이렇게 비싼 쌀을 씁니다. 좌우간 이렇게 올려간 쌀을 가지고 어떻게 하는지 아십니까?

술 만드는 건 어렸을 때 모친이 몰래 하는 것 보고 다시 본 적이 없어 잘 모르겠다고 대답하니 문 전무는 계단 쪽을 가리키며 올라가자고 했다. 올라가 보니 여기도 온통 쇠로 만든 통들이었다.

소주(혹은 막걸리)를 만들려면 우선 밥을 쪄야 합니다. 이 통에 쌀을 넣고 불린 다음 찝니다. 이때 중요한 것은 고두밥(지에밥, 술밥)을 만드는 일입니다. 그런데 여기까지는 그다지 핵심적인 과정이 아닙니다. 그 다음 과정이 첫 번째 핵심 과정으로 밥을 누룩과 섞어 발효시키는 단계입니다. 여기서 술 만드는 데에 가장 중요한 것이라 할 수 있는 주모(酒母) 혹은 밑술을 만들게 됩니다.

이 과정에서도 우리 회사에서는 좀 다르게 합니다. 보통은 찐 밥에다가 누룩을 입혀서 발효를 시키는데 누룩에서 나는 잡냄새 때문에 깨끗하게 발효가 안 되는 경우가 많습니다. 따라서 저희는 이 냄새를 없애기 위해 누룩을 쓰지 않고 저희 회사만이 보유하고 있는 특수 곰팡이를 직접 쌀에 입혀서 쌀의 전분을 포도당으로 만듭니다. 이 곰팡이를 조금 유식하게 부르면 종균(種菌)이라고 하지요. 이렇게 해야 나중에 냄새가 나지 않습니다. 최 교수님, 현재 시판되고 있는 막걸리 가운데 '서울 장수 막걸리'라는 것이 있지요? 막걸리 가운데에 유일하게 장수 막걸리만 이 방법을 써서 발효시키기 때문에 맛이 담백합니다.

그리고 어떤 곰팡이를 어떻게 쓰느냐 하는 것이 양조에 있어서 가장 중요한 노하우입니다. 얼마나 좋은 곰팡이를 갖고 있느냐에 따라 술

감압증류를 할 수 있는 증류기

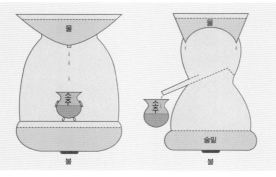

소주고리와 술이 증류되는 원리

맛이 달라지기 때문입니다. 우리 회사에서는 국내에서 좋은 곰팡이를 구할 수 없어서 외국에서 수입해 와 냉장고에 잘 보관해 놓고 필요할 때만 쓰고 있습니다. 그리고 이 곰팡이에 대한 것은 회사의 기밀사항이지요. 회장님도 말씀하신 것 같은데 국순당에서 나오는 백세주가 인기를 끌 수 있었던 것은 그 술에만 들어가는 곰팡이를 개발해서 계속 사용하고 있기 때문입니다. 그러니까 계속해서 양질의 똑같은 술이 나올 수 있는 것이지요.

어떻든 이렇게 해서 곰팡이가 번식할 수 있게끔 이틀 동안 이 통에 놔둡니다. 그 다음 작업은 충분히 발효시키는 일입니다. 우리 공장에서는 통틀어서 3차에 걸쳐 발효를 합니다. 모두 통을 바꾸어서 발효를 시키지요. 이 과정에는 효모를 넣고 몇 주 동안 증식을 시키는 과정도 포함됩니다. 이렇게 해서 발효를 시키면 무엇이 나오는지 아십니까? 막걸리가 만들어집니다. 소주든 청주든 처음에는 결국 막걸리를 만드는 것입니다. 그 다음 처리 과정이 달라서 청주다 소주다 하는 것이지 처음에는 모두 막걸리로 시작하는 거죠. 소주는 막걸리 밑술을 가지고 증류하는 것이고 청주는 같은 것을 가지고 여과하는 차이밖에는 없는 것입니다. 그리고 막걸리는 밑술에다가 덧밥을 넣어 발효시킨 것이구요.

그렇군요. 그러니까 막걸리는 우리 술의 기본이 되는 셈이네요. 저는 그런 것도 모르고 막걸리는 잘 안 마셨는데 앞으로는 막걸리도 잘 마셔야겠습니다. 그런데 한 가지 의문이 드는 것은 이때 발효해서 막걸리가 나오면 그건 몇 도가 되나요? 막걸리가 4도 정도밖에 안 되니까 그것과 별 차이가 없을 것 같은데요.

아닙니다. 이렇게 나온 막걸리는 20도나 됩니다. 도수가 그 정도 되어야 40도짜리 소주가 나오지 4도에서 어떻게 40도가 나올 수 있겠습니까? 도수가 어떻든 이제 우리는 가장 중요한 단계에 이르렀습니다. 증류하는 단계에 왔기 때문입니다. 좋은 술이라면 모두 이렇게 증류를 거쳐야만 합니다. 이렇게 중요한 단계이기 때문에 저희는 여기에 더 신경을 썼습니다. 국내에선 최초로 감압증류(減壓蒸溜) 방식을 택한 것입니다.

감압증류라는 게 좀 생소하지요? 최 교수님 지금 우리나라에서

술공장 건물 지하에서
술을 숙성시키는 옹기들

시판되고 있는 전통식 소주를 마시면 어떻습니까? 탄내나 쓴맛이 좀 나지 않던가요?

맞습니다. 십수 년 전부터 새로 나오고 있는 전통식 소주를 마실 때마다, 저는 '화덕 내(냄새)'라는 표현을 쓰는데, 말씀하시는 것처럼 탄내가 나는 것을 의아하게 생각해 왔습니다. 그래서 '무릇 소주란 다 이런 냄새가 나야 하는 건가'라는 생각도 들고 '만일 이런 냄새가 피할 수 없는 거라면 위스키와 같은 도수의 술에 비해 경쟁력이 많이 떨어질 텐데.' 하는 생각도 했습니다. 이 냄새는 확실히 마시는 데에 방해가 되고 맛을 떨어뜨리기 때문에 경쟁력 면에서는 심대하게 타격을 입을 수밖에 없다고 생각했습니다. 저는 가능하면 전통주를 마시려고 하는데 이 화덕 냄새 같은 것 때문에 가까이 하기가 쉽지 않았던 기억이 살아납니다. 그런데 그런 냄새가 왜 납니까? 그리고 소주를 만들 때는 이 냄새가 꼭 나야

224

하나요?

바로 보셨습니다. 우리나라에서 지금 시판되고 있는 전통식 소주의 가장 큰 문제점이 그겁니다. 술은 양질임에도 불구하고 이 탄내를 잡지 못해 판매량이 늘지 않고 있는 것으로 알고 있습니다. 이 냄새는 증류하는 과정에서 불의 온도가 높기 때문에 어쩔 수 없이 나는 냄새입니다. 전통 소주에서는 별 장치 없이 소주 고리로 불리는 항아리 같은 것으로 증류를 합니다. 그런데 이때 이 소주 고리 안의 온도가 약 섭씨 80도 이상은 되어야 증류가 일어나는데, 온도가 이 정도 되면 탄내가 나는 것은 어쩔 수 없는 일입니다. 그러나 우리 공장에 있는 이 기계에서는 감압, 즉 압력을 내릴 수 있게 되어 있습니다. 압력이 내려가면 무슨 일이 일어납니까? 낮은 온도에서도 물이 끓지요? 이 기계는 700mmHg 이하로 압력을 내릴 수 있습니다. 이것은 평지의 기압을 10배 정도 내린 것인데요, 그러면 섭씨 33도 내지 45도에서 증류할 수가 있습니다. 온도를 이 정도만 내려도 전통 소주의 고질적 병폐였던 탄내를 완전히 제거할 수 있습니다. 뿐만 아니라 잡미(雜味)가 없어져서 경쾌한 향도 생겨납니다.

온도가 내려가면 물이 끓는 온도가 낮아지는 것은 우리가 산에 올라갔을 때에도 경험할 수 있습니다. 산꼭대기에 올라가서 밥을 하면 물이 섭씨 100도보다 낮은 온도에서 끓으니까 밥이 설게 됩니다. 그래서 냄비

뚜껑 위에 돌을 올려놓고 밥을 했던 기억이 납니다. 이 기계도 그런 원리로 만들어졌겠군요. 그런데 기계 위에 일본말로 씌어 있네요. 일본 기계인 모양이지요? 아직 한국에는 이런 기계가 안 나온 모양이지요?

좌우간 이렇게 해서 증류를 하면 대체로 45도 내지 50도의 소주가 만들어집니다. 그 다음은 이것을 41도로 일정하게 낮추어서 맞추는 일입니다. 이것을 이쪽 용어로는 '검정(檢定)'이라고 합니다.

이 정도면 소주가 다 완성된 셈이다. 마지막 단계가 궁금했다.

이제 저장하고 숙성시키는 일만 남았습니다. 증류하고 검정까지 다 마친 소주는 일단 이 옆에 있는 탱크에서 최소 약 3개월 정도 저장을 해 놓습니다. 그것이 끝나면 지하에 있는 옹기로 가져다 장기간 숙성을 시키지요. 여기까지 끝나야 병에 담아 출시하는 것입니다.

지하로 내려가니 전통 옹기들이 수없이 많았다. 문 전무의 말이 이어졌다.

교수님도 이 옹기에다가 술을 저장하는 이유를 아시지요? 이 항아리를 보고 왜 숨쉬는 항아리라고 하지 않습니까? 바깥 공기와 소통이 되면서 천천히 산화가 됩니다. 그리고 이 세라믹에서 나오는 원적외선 때문에 술이 부드러워집니다.

전무님 잠깐만요. 여기 항아리 위를 보면 술이 얼마나 들어 있는지 정확하게 쓰여 있네요. 저렇게 정확하게 몇 리터가 있다고 써놓을 필요가 있나요?

그건 저희들의 필요 때문에 써놓은 것이 아니라 세무서에서 측정해서 써놓은 것입니다. 주세를 정확하게 부가하기 위해 일일이 항아리마다 정확하게 측정을 해서 항아리 위에 써놓습니다. 일호도 탈세가 없게끔 하는 것이지요.

자 이렇게 되면 소주가 만들어지는 과정을 다 본 것 같습니다. 그동안 마시기만 했던 소주의 정체를 알고 나니 속이 후련합니다. 이제 언제 어디서 어떤 식의 소주를 먹든 나름대로 품평을 할 수 있을 것 같습니다. 이게 다 전무님께서 좋은 설명을 해주신 덕입니다. 감사합니다.

대화를 총정리하며

문 전무에게 후하게 감사를 하고 지하 숙성실에서 다시 일층으로 올라가니 조 회장이 기다리고 있었다. 나는 여기서 그동안 있었던 우리의 대화를 마감하고 싶었다. 소주 만드는 것까지 보았으니 조 회장이 한국 문화를 세계화하기 위해 애쓴 모습들은 다 보았기 때문이다. 자리에 앉자마자 나는 그에게 이런 뜻으로 제안을 했다.

회장님, 그동안 회장님 덕에 문화 산업이 진행되고 있는 여러 현장을 잘 다녀봤습니다. 우선 도자기를 만드는 광주요에 갔었고, 그렇게 만든 도자기에 음식을 담아 최고의 한식만을 파는 식당 가온에 가서 회장님이 새로 개발하신 훌륭한 한식을 먹어 보았습니다. 그리고 오늘 마지막으로 전통식 소주를 만드는 이 공장에까지 와서 난생 처음으로 소주 만드는 모습도 지켜보았습니다. 이제 우리의 기나긴 대화를 마감했으면 합니다. 우리의 대화도 길었지만 회장님이 그동안 이 일을 해 오셨던 세월도 길었습니다. 아마 끝으로 남기고 싶은 말씀이 많을 것 같습니다.

회한이라고 할까요, 아쉬움이라고 할까요? 아니면 보람도 있을 수 있겠고 다짐도 있을 수 있겠습니다.

제가 광주요의 경영을 떠맡으면서 맺게 된 한국 전통문화와의 인연은 이제 16년이 되었습니다. 짧지 않은 세월을 우리 문화를 상품화하기 위해 진력한 것이지요. 충분히 예측할 수 있는 것처럼, 그동안에 어떤 이는 '사업 가운데 가장 어려운 게 문화 사업이다'라고 하면서 동정과 연민의 눈초리로 나를 쳐다보기도 했습니다. 그런 시각 저도 이해합니다. 다른 사람이 이런 일을 하겠다면 나도 같은 말을 했을지 모릅니다. 문화 사업이란 건 그렇게 힘듭니다. 문화 사업이 힘든 것은 단기간에 수익을 창출하기가 어렵기 때문이지요. 어떤 이는 제가 이런 밑 빠진 독에 물 붓기 같은 식의 사업에 투자를 계속하자 제 속은 모르고 '사치'나 '허영'에 빠졌다고 험담하는 사람도 있었습니다.

그러나 나는 이런 시선이나 비판에 크게 개의치 않았습니다. 이유는 간단합니다. 내 나름대로 아주 강한 확신이 있었기 때문입니다. 물론 나도 잘 알고 있습니다. 문화 사업을 제대로 하려면 시간이 많이 걸리고 그에 따라 많은 투자가 필요하다는 사실 말입니다. 그러니까 문화 사업에서 단기간에 끝을 보겠다는 생각은 애당초 하지 말아야 합니다. 정말로 몇십 년 뒤를 보고 하지 않으면 안 됩니다. 그러나 이렇게 어렵게 시작한 문화 사업이 일단 궤도에만 올라가면 그 다음부터 창출해낼 수 있는 부가가치는 막대합니다. 그리고 문화 사업은 한 번 형성만 되면 관성을 얻기 때문에 그 다음부터는 그냥 놓아두어도 알아서 잘 굴러갑니다. 뿐만 아니라 그러는 과정에서 새로운 것이 만들어지기도 합니다.

이렇게 형성된 문화는 사회의 다른 분야, 즉 정치나 경제, 교육, 연예 등 많은 분야에 미치는 파급 효과가 큽니다. 그리고 시간이 많이 흐르면 이런 문화는 역사 유산으로도 남을 수 있어 그 부가가치는 무궁무진하다고 하겠습니다. 제가 계속해서 특히 고급문화에 대해 그 중요성을 강조했는데, 고급문화에 대한 수요는 어느 사회나 있는 것이며 한 번 터지면 폭발력도 엄청납니다. 저는 이런 확신이 있었기 때문에 그동안 계속해서 나름대로는 큰돈을 투자한 것입니다.

조 회장의 어조는 담담했다. 그동안 겪었던 고생을 반조하는 것 같았다. 그런 조 회장을 보면서 반박하기는 싫었지만 그래도 드는 의문은 어쩔 수 없었다.

회장님은 그래도 재정 능력이 되니까 이만큼 투자하신 거 아닌가요? 투자하실 때 주저 같은 건 없었나요?

저는 말씀드린 대로 원래 하던 국제무역에서 번 돈을 문화 사업에 투자해 왔습니다. 하기야 무역을 안 했으면 문화 사업을 하려는 생각은 꿈에도 못 가졌을 겁니다. 돈이 없는데 무슨 문화 사업이 있겠습니까? 그러나 제가 문화 사업을 단순한 투자 사업으로만 보는 것은 아닙니다. 당장 수익을 보려고 하는 것은 아니지만 영영 수익을 내지 못할 것이라고 생각한 적도 없기 때문입니다. 그리고 만일 내가 수익을 얻지 못한다면 다음 세대에 오는 내 자식은 수익을 얻을 수 있을 것이라는 생각까지 갖고 있었습니다. 또 내 나름대로는 비장하게 문화에 대한 투자는 설혹 이익을 얻지 못한다고 할지라도 그 자체로서 국가와 사회를 위해서 보람 있는 일이라고 생각했습니다. 우리가 속한 사회를 위해 일한다는 것은 참으로 멋진 일 아닙니까?

얼마 전에 아주 좋은 글귀를 읽은 게 있어 소개해 볼까 합니다. '비행기는 이륙할 때 연료의 절반을 쓴다' 는 말인데, 이 글을 읽는 순간 '맞다! 문화 사업이 바로 이런 것이다' 라는 생각이 섬광처럼 내 머리를 스쳐갔습니다. 비행기가 이륙할 때 정말로 이렇게 많은 연료를 소모하는지는 잘 모르지만 일단 수긍은 가는 게, 그 무거운 쇳덩이가 하늘을 처음으로 난다는 게 얼마나 힘든 일이겠습니까? 게다가 사람까지 가득 태우고 활주로를 박차고 일정한 궤도에까지 오르려면 압축된 힘과 엄청난 에너지가 필요할 것으로 생각됩니다. 제가 이 사업을 시작한지 16년이 되었으니 비행기로 따지면 이륙은 벌써 한 것이고 지금은 장기 바행에 들어간 것으로 볼 수 있습니다. 이렇게 보면 제 사업은 오랜 시간 동안 비행할 때 필요한 힘과 에너지를 비축하는 데에 16년이라는 세월이 걸린 셈입니다.

물론 앞으로도 계속해서 투자하고 힘을 써야겠지만 이 비유가 맞는 것이라면 앞으로는 지금까지보다는 덜 힘들겠죠. 이륙은 끝냈기 때문입니다. 제가 이렇게 예상할 수 있는 것은 그동안 광주요를 운영하면서 일종의 노하우를 터득했기 때문입니다. 제가 문화 사업으로 시작한 광주요도 처음에는 십여 년 동안 계속 적자였습니다. 그러다가 임계점 같은 곳을 지나니 그때부터는 흑자로 돌아서더군요. 아마 이 식당 사업도 같은 과정을 거치지 않을까 생각합니다. 그러니까 식당도 어느 시기가 지나면 분명히 흑자로 돌아설 수 있다는 거지요. 게다가 소주까지 가세했으니 시너지 효과가 생겨 분명 좋은 결과가 있을 것으로 기대됩니다.

조 회장이 든 비유는 너무나 적절했다. 문화 사업은 사정이 이렇기 때문에 사람들이나 정부가 투자하기를 꺼리게 된다. 밖에서 보기에는 정말로 밑 빠진 독에 물 붓기 식이라 효과가 빨리 나오기를 기대한다면 이 사업은 시작하지 않는 것이 낫다. 나는 이런 문화 사업의 애로점 말고 조 회장이 정말로 힘들어하는 것을 듣고 싶었다.

회장님의 뜻은 잘 알겠습니다. 아니 알고도 남음이 있습니다. 이제 정말로 마지막으로 당부하고 싶은 말씀이나 남기고 싶은 말씀 없으시겠습니까? 너무 마지막이라고 하니까 무슨 재판정에서 최후 진술하는 것 같아서 공연히 엄숙해집니다마는…….

할 말이 왜 없겠습니까? 정리하는 셈 치고 말해 보겠습니다. 지금 제가 하고 있는 일은 이런 식으로 계속 해나간다면 어느 정도 해법을 찾을 수 있습니다. 그러나 정말로 아쉬운 것은 전통적인 한국 음식과 한식의 세계화에 대한 정부와 기업 그리고 국민들의 무관심과 오해입니다. 이 방면으로 민·산·관을 막론하고 해야 할 일은 너무나 많습니다. 예를 들어 볼까요?

- 전통 한식에 대한 연구
- 사라진 메뉴와 조리법의 발굴과 재현
- 새로운 메뉴의 개발
- 조리법의 표준화
- 해외 홍보
- 전통 한식당에 대한 지원
- 한식 전반에 관한 대(對)국민 교육

이렇게 할 일이 많습니다. 그런데 이걸 누가 해야 합니까? 바로 정부가 해야 합니다. 일개 기업이나 대학이 하기에 이 사업은 역부족입니다. 막대한 비용이 들기 때문에 국가 차원에서 주요 정책으로 선정해서 적절한 예산과 인력을 투자해야 합니다. 특히 정부는 한국 음식을 도자와 술, 그림, 음악 등과 결합된 종합 문화 상품으로 인식하고 체계적으로 개발해야 합니다. 한식이 중심이 된 문화 상품은 또 관광 · 레저 산업에서도 핵심 요소가 되어 시너지 효과를 훨씬 더 많이 갖고 올 것입니다. 이렇게 해서 국내 산업을 발전시키고 그 힘을 몰아 해외 시장까지 공략한다면 국가 이미지를 선양하는 것은 물론이고 국민들이 국가에 대해 갖는 자긍심도 같이 향상되는 부수적 효과까지 얻을 수 있을 것입니다. 더 늦기 전에 정부가 나섰으면 좋겠는데 정부에만 기대하지 말고 그런 때를 기다리면서 같은 생각을 가진 사람들이 모여서 대책을 논의했으면 하는 작은 바람을 가져봅니다.

마지막 말씀이라서 그랬는지 조 회장의 설명은 다소 비장하게 들렸다. 우리 문화의 앞날을 걱정하는 사람들이 내리는 결론은 결국 비슷하게 끝나고 만다. 정부나 지자체에서 일을 제대로 하면 될 것을 왜 이렇게 민간이 떠맡게 해 우리를 힘들게 만드냐는 것이다. 그러나 가장 마지막에 내린 조 회장의 결론 역시 옳았다. 정부가 나서서 그런 일을 할 때까지 뜻이 맞는 사람끼리 모여 묵묵히 앞으로 올 미래를 준비하고 있자는 그 말은 우리 대화의 결론 같았다.

소주 공장 견학까지 해서 조 회장과의 면담을 모두 끝낸 나는 '햇' 소주를 선물로 받고 공장 밖으로 나왔다. 내 차 쪽으로 가다가 공장 위쪽으로 보니 휑한 공터가 또 있었다. 내 호기심이 가만있을 리가 없었다. 그 쪽을 가리키며 나는 이렇게 물었다.

저기에도 공장을 세우실 건가요? 넓은 공터가 있네요. 그러자 문 전무가 황급히 끼어들었다. "회장님께서 김치 공장을 하실 생각이 있으신가 봐요."

"그 얘기는 나중에 합시다. 김치 사업문제는 아직 구체화 시킬 단계가 아닙니다." 조 회장이 서둘러 말을 막았다. 그러나 나는 마지막까지 조 회장의 아이디어가 번뜩이는 장면을 목격하고 만 것이다. 나는 다시 한번 감사의 뜻을 깊게 전하고 차를 몰고 서둘러 공장을 나왔다.

날은 아직 밝아 집으로 가는 발걸음이 아까워 어디 또 갈 데가 없나 하고 눈을 부릅뜨고 길의 표지판을 검사해 보았다. 가까운 곳이라도 지방에 오면 어디 작은 데라도 답사를 하지 않으면 크게 밑진 거 같아 애석해 하는 것이 습관이 되었던 터다. 차가 있으니 술은 입에 댈 수도 없고 이럴 땐 좋은 유적이 있으면 좋으련만 하는 바람을 갖기 마련이다.

그런 생각으로 오락가락하는데 자석리 석불 입상 3.3km라고 쓰인 간판이 왼쪽으로 보였다. 속으로 쾌재를 부르면서 황급히 차선을 바꿔 왼쪽 레인으로 차를 갖다 댔다.

들어가는 길에 나무가 좋아 중간에 차를 세우고 한 1.5km는 걸어 들어갔다. 이윽고 요즘 지은 것 같은 절이 나오고 불상이 보였다. 불상은 이른바 민불(民佛)이었다. 미술사학계에서 별로 좋아하는 용어는 아니지만 이 지역 양반이나 백성들이 만든 아주 순박한 불상이었다. 굳이 양식을 따지면, 조선 후기에 경기·충청 지방에 유행했던 민불로 머리에는 갓을 쓰고 몸은 원통형으로 된 형태라 할 수 있다. 이 비슷한 것으로 일전에 보았던 충북 중원에 있는 유명한 미륵불이 생각났다. 중원의 미륵불이나 여기 있는 불상이나 얼굴은 영락없이 질박하기 짝이 없는 한국인의 모습이었다. 나는 석굴암 불상 모습도 좋지만 이런 민불의 얼굴도 너무 좋다. 부처라는 인도의 틀은 썼으되 모습은 우리들의 모습이기 때문이다.

앞에서, 옆에서, 뒤에서 사진을 한참 찍고 돌아 나오는데 절에 있던 개두 마리가 같이 따라 나온다. 아까 내가 들어갈 때는 어찌나 짖던지 시끄러웠는데 얼마 지나지 않아 나에게 달려들면서 무척이나 반겼던 그 개들이다. 산속 절이라 오는 사람이 없어 무척이나 심심했던 모양이다.

자석리 석불 입상

중부 지방의 민불적인 요소를 갖추고 있다.

사진 찍는 동안에도 졸졸 따라 다니더니 기어코 나를 따라 나와 차가 있는 1.5km 멀리까지 나와버리고 말았다. 몇십 분밖에 안 되는 인연이었지만 '야들'을 여기에 두고 가는 게 그저 섭섭했다. 알아서 본절로 잘 들어가겠지 하면서 손을 흔들며 차를 움직였다. 그 다음에 고속도로를 타고 집으로 오는 길은 너무 서정(敍情)이 없는 풍광이라 언급하고 싶은 생각이 들지 않았다.

마치며

이렇게 해서 몇 달에 걸친 한국 전통문화 사업계의 고수 조태권 회장과의 대담이 끝이 났다. 역시 그는 강호의 고수답게 깊은 내공과 높은 무공을 지니고 있었다. 이전에도 대화를 적지 않게 했지만 이렇게 정리해 보니 그의 식견과 비전이 남다르다는 것을 알 수 있었다. 그는 물론 기업인이라 수익 창출이 최우선이지만 어렵게 번 돈을 가지고 문화에 투자한다는 것은 결코 쉬운 일이 아니다. 이 일은 그리도 어렵기 때문에 기업인들 가운데 이렇게 문화에, 그것도 전통문화에 투자하는 기업인은 내가 과문한 탓인지 몰라도 일찍이 보지 못했다. 그도 그럴 것이 그런 일 안 해도 돈을 충분히 벌어 잘 먹고 잘사는데 무엇 하러 앞이 잘 보이지 않는 문화 사업에 투자하겠는가. 조 회장의 경우도 별반 다를 바는 없었다. 효도 차원에서 우연히 문화 산업에 뛰어들었다가 여기까지 오게 된 것이지만 문화 산업의 미래를 꿰뚫어 보고 있는 그의 혜안은 놀라운 것이다.

요즘 하도 문화가 중요하다고 하니까 기업들도 메세나 같은 단체를 만들어 문화 사업을 후원하는 데에 동참하고 있다. 그런 현상이야 바람직한 것이지만 그 후원 방향이 그리 마음에 드는 것은 아니다. 마음에 잘 안 드는 예를 들어 보라면 이런 것이다. 장한나 같은 한국이 낳은 세계적인 첼로 연주가에게 악기를 사주는 것 같은 행위가 그러하다. 장한나가 연주를 잘하게 도와주는 것도 물론 문화적으로 중요한 일이지만 그보다는 조 회장이 지금까지 이야기했던 것들과 같은 일이 훨씬 시급하고 중요한 일이지 않을까? 그리고 이런 일이야말로 돈이 필요하고 긴요하게 쓰이는 곳임을 명심해야 할 것이다.

메세나에 가입한 기업인들을 비롯해 일반적인 한국인들은 문화를 일생생활과 동떨어진 것으로 생각하는 경향이 강하다. 그래서 꼭 음악회를 가야, 전시회를 보러 가야, 혹은 영화를 보러 가야 문화생활을 하는 것으로 생각한다. 물론 좋은 연주회에 가는 것도 문화고 좋은 그림 전시회에 가는 것도 문화이긴 하지만, 그것은 전체적인 입장에서 볼 때 극히 일부분에 불과한 것이다. 많은 사람들은 문화에 대해 다소 혼동을 하고 있는 것 같다. 정장 같은 특별한 복장을 하고 어떤 특별한 장소에 가서 음악이나 오페라를 즐기는 것을 문화의 전부로 생각하기 때문이다. 또 그렇게 하는 게 폼 나니까 그것만이 문화인 줄로 착각하고 있는 것 아닐까 하는 생각이 든다. 아마 이런 생각 때문에 메세나에 속한 기업인들이 이미 부자인 세계적인 첼리스트에게 첼로 사주는 일을 하고 있는 것이다. 그런 일을 해야 폼 나게 보이기 때문일 것이다. 같은 맥락에서 문화관광부 같은 정부 기관에서는 문화가 공연 혹은 게임인 줄만 알고 그것에만 투자하려고 한다. 그러나 이러한 시각은 모두 문화를 일상생활을 떠난 어떤 다른 것으로 생각하는 것이다.

문화를 이렇게 한정지어서 생각하는 것이 틀린 생각은 아닐지라도 단견임을 알 수 있다. 문화란 그런 특별한 것이 아니라 생활 자체이고 공기와 같아서, 인간이라면 문화를 한 발자국도 떠날 수가 없다. 누구든지 자신이 인간이라고 선언하면 그는 문화를 떠나서는 한순간도 살 수가 없는 것이다. 어떤 건물에서 어떻게 살고, 매끼마다 무엇을 먹고, 또 어떤 옷을 입고 사는가와 같이 가장 일상적인 것을 비롯해서 우리 삶에 문화 아닌 것이 어디 있겠는가? 이게 바로 의식주이다. 그런데 사실 이 단어의 배열은 잘못된 것이다. 일상문화 가운데, 집이 없거나 옷이 없으면 어떻게든 살 수 있지만 밥을 먹지 않고서는 살 수가 없다. 사람이 한시도 먹지 않고 산다는 것은 상상조차 할 수 없는 일 아닌가? 그런 의미에서 의식주는 식의주로 순서가 바뀌어야 할 것이다. 이렇게 보면 먹는다는 게 얼마나 중요한지 알 수 있다. 조 회장이 한국 음식을 강조하는 것은 이런 각도에서 볼 때 대단히 적절한 태도라고 할 수 있다. 가장 중요한 것이니까 가장 앞에 내세우고 세계화하자는 것 아닐까?

그리고 우리 문화 안에는 한식처럼 금세 써먹을 수 있는 문화 상품도 아직은 그리 많지 않은데 그걸 지금처럼 제대로 이용하지 못하는 것은 안타깝기 그지없는 일이다. 그러려면 우리 음식을 지금보다 훨씬 다각적으로 연구하고 새롭게 개발하는 데에 돈을 아끼지 말고 투자해야 한다. 문화관광부도 예술 공연단들을 외국에 보내는 데에만 공연한 돈 들이지 말고 이런 구체적인 사업에 돈을 써야 할 것이다. 우리 음식이 보다 많은 국가에 긍정적으로 소개될 수 있다면 공연단들이 가서 소수의 사람에게만 한국 이미지를 심어주는 것보다 훨씬 넓고 강한 반향을 일으킬 수 있을 것이다. 만일 외국인들이 한식을 우리가 지금 자장면 먹듯이 항용하게 된다면 우리의 일상이 외국인들의 일상에 스며들어가게 되어 외국인들은 자신도 모르게 한국의 이미지를 자기 것으로 만들 것이다. 이런 게 바로 한국 문화의 세계화이고 국가 이미지 홍보라고 할 수 있을 것이다.

그런데 이런 일을 정부 쪽에서 먼저 시작할 수 있을까? 또 그들이 주도권을 가지고 일을 끌고 나갈 수 있을까? 아마 그렇게 되기는 힘들 것이라는 생각이 강하게 든다. 과거를 돌아보면 이런 경우 정부는 오히려 간섭을 안 하는 게 도와주는 것인 때가 많았다. 우리 문화 장르 가운데 지금 가장 성공한 것은 누가 뭐래도 영화이다. 한국 영화는 원래 1960년대에 아주 잘나가던 예술 분야였다. 적어도 아시아에서는 상위권이었기 때문이다. 그러던 게 박정희 정권이 사사건건 규제하면서 밑바닥까지 내려갔다. 거의 희망이 안 보일 찰나에 영화에 대한 규제가 풀리고 한국 영화는 르네상스 시대를 맞이하게 됐고 지금까지 온 것이다. 정부의 규제가 없어지니까 다 죽었다고 생각했던 한국 영화가 거짓말같이 확 되살아나 세계를 주름잡게 된 것이다. 이때에도 정부의 역할은 스크린 쿼터의 고수 같은 최소한의 것이었다. 정부는 그렇게 바람막이만 되어주면 된다. 그러면 나머지는 민간에서 다 알아서 한다.

한식의 세계화 문제도 영화처럼 바람이 일어나면 좋겠다는 희망을 가져보지만, 상황이 영화와는 영 달라서 어찌 될지 예측하기가 힘들다. 영화와 가장 다른 점은 영화는 우리나라 관객들이 무진장 동원되면서 아끼고 소비를 해주었지만 음식의 경우에는 이런 일이 가능할지 모르겠다. 문화란 모름지기 사람들이 사랑하고 소비를 해야 발전할 수 있다. 영화의 경우에는 젊은 세대들이 많은 관심을 가져 살아날 수 있었지만 우리 음식은 어떤 세대가 관심을 가져줄지 예단할 수가 없다. 정부는 정부대로 아직은 그다지 관심을 표명하는 것 같지 않고 민간에서도 아직

바람이 일어날 것 같지는 않은 실정이다. 그러면 할 수 없는 일이다. 조
회장 같은 문화적 선지자들이 외롭더라도 계속 이 일을 끌고 나갈 수밖
에 없는 일이다.

최준식

서강대학교 사학과를 졸업하고(1979) 미국 Temple대학에서 종교학으로 박사학위를 받았다(1988). 1998년부터 사단법인 한국문화표현단 이사장을 지내고 있으며 2005년에는 새로 한국죽음학회장을 맡고 있다. 1992년부터 이화여대 한국학과 교수를 지내고 있다.

저서로 『종교를 넘어선 종교』(2005), 『한국의 종교, 문화로 읽는다』 1~3 (1998~2004), 『최준식 교수의 신서울기행』(2003), 『대한민국을 팔아라-최준식이 제안하는 대한민국 제대로 알리기』(2002), 『한국인은 왜 틀을 거부하는가-난장과 파격의 미학을 찾아서』(2002), 『한국미, 그 자유분방함의 미학』(2000), 『한국인에게 문화는 있는가』(1997) 등 21종의 한국문화, 종교 관련 서적들이 있다. 이 외에도 수많은 번역서와 연구논문들을 통해 종교, 한국 문화, 문화 교류 등의 다양한 영역에서 활발한 연구 성과를 내고 있다.

최준식 교수의 우리 문화 세계화의 고수를 찾아서
그릇, 음식 그리고 술에 담긴 우리 문화

ⓒ 최준식, 2006

지은이 최준식
펴낸이 김종수
펴낸곳 도서출판 한울

초판 1쇄 발행 2006년 2월 23일
초판 2쇄 발행 2008년 11월 10일

주소 413-832 파주시 교하읍 문발리 507-2(본사)
    121-801 서울시 마포구 공덕동 105-90 서울빌딩 3층(서울 사무소)
전화 영업 02-326-0095, 편집 02-336-6183, 팩스 02-333-7543
홈페이지 www.hanulbooks.co.kr
등록 1980년 3월 13일, 제406-2003-051호

Printed in Korea.
ISBN 978-89-460-3980-3 03380

* 가격은 겉표지에 표시되어 있습니다.